ED. PERELLÓ UNIVERSALES

EL GRAN GALEOTE

© Ed. Perelló, SL, 2025

Carrer de les Amèriques, 27
46420 – Sueca, Valencia
e-mail: info@edperello.es
http://edperello.es

I.S.B.N.: 979-13-70193-42-3

Impreso en España

 Este libro ha sido impreso en papel ecológico procedente de bosques sostenibles.

ÍNDICE

PERSONAJES

TEODORA

DON JULIÁN

DOÑA MERCEDES

DON SEVERO

PEPITO

ERNESTO

UNO DE LOS TESTIGOS

DOS CRIADOS

DIÁLOGO

Época moderna: año 18... La escena en Madrid. La escena representa un gabinete de estudio. A la izquierda un balcón; a la derecha una puerta; casi en el centro una mesa con papeles, libros y un quinqué encendido; hacia la derecha un sofá. Es de noche.

ESCENA I

Ernesto, sentado a la mesa y como preparándose a escribir.

ERNESTO. ¡Nada! ¡Imposible! Esto es luchar con lo imposible. La idea está aquí: bajo mi ardorosa frente se agita, yo la siento, a veces luz interna la ilumina, y la veo... La veo con su forma flotante, con sus vagos contornos, y de repente suenan en sus ocultos senos voces que la animan, gritos de dolor, amorosos suspiros, carcajadas sardónicas... ¡todo un mundo de pasiones que viven y luchan! ¡Y fuera de mí se lanzan y a mi alrededor se extienden y los aires llenan! Entonces, entonces me digo a mí mismo: —"Este es el instante"— y tomo la pluma, y con la mirada fija en el espacio, con el oído atento, conteniendo los latidos del corazón, sobre el papel me inclino... Pero, ¡ah, sarcasmo de la impotencia! ¡Los contornos se borran, la visión se desvanece, gritos y suspiros se extinguen... y la nada, la nada me rodea! ¡La monotonía del espacio vacío, del pensamiento inerte, del cansancio soñoliento! Más que todo eso: la monotonía de una pluma inmóvil y de un papel sin vida, sin la vida de la idea. ¡Ah! ¡Cuántas formas tiene la nada, y cómo se burla, negra y silenciosa, de creadores de mi estofa! Muchas, muchas formas: lienzos sin colores, pedazos de mármol sin contornos, ruidos confusos de caóticas vibraciones; pero ninguna más irritante, más insolente, más ruin que esta pluma miserable. (Tirándola.) Y que esta hoja en blanco. ¡Ah! ¡No puedo llenarte, pero puedo destruirte, cómplice vil de mis ambiciones y de mi eterna humillación! Así... así... más pequeños... aún más pequeños... (Rompiendo el papel. Pausa.) ¿Y qué? La fortuna es que nadie me ha visto; que por lo demás, estos furores son ridículos y son injustos. No... pues no cedo. Pensaré más, más... hasta vencer o hasta estrellarme. No, yo nunca me doy por vencido. A ver... a ver si de este modo...

ESCENA II

Ernesto y don Julián, este por la derecha,
de frac y con el abrigo del brazo.

DON JULIÁN. (Asomándose a la puerta, pero sin entrar.) Hola, Ernesto.

ERNESTO. ¡Don Julián!

DON JULIÁN. ¿Trabajando aún? ¿Estorbo?

ERNESTO. (Levantándose.) ¡Estorbar! ¡Por Dios, Don Julián! Entre usted, entre usted. ¿Y Teodora? (DON JULIÁN entra.)

DON JULIÁN. Del Teatro Real venimos. Subió ella con mis hermanos al tercero a ver no sé qué compras de Mercedes y yo me encaminaba hacia mi cuarto cuando vi luz en el tuyo y me asomé a darte las buenas noches.

ERNESTO. ¿Mucha gente?

DON JULIÁN. Mucha, como siempre, y todos me preguntaron por ti. Extrañaban que no hubieses ido.

ERNESTO. ¡Oh! ¡Qué interés!

DON JULIÁN. El que tú mereces y aún es poco. Y tú, ¿has aprovechado estas tres horas de soledad y de inspiración?

ERNESTO. De soledad, sí; de inspiración, no. No vino a mí, aunque rendido y enamorado la llamaba.

DON JULIÁN. ¿Faltó a la cita?

ERNESTO. Y no por vez primera. Pero si nada hice de provecho; sí que hice un provechoso descubrimiento.

DON JULIÁN. ¿Cuál?

ERNESTO. Este: que soy un pobre diablo.

DON JULIÁN. ¡Diablo! Pues me parece descubrimiento famoso.

ERNESTO. Ni más, ni menos.

DON JULIÁN. ¿Y por qué tal enojo contigo mismo? ¿No sale acaso el drama que me anunciaste el otro día?

ERNESTO. ¡Qué ha de salir! Quien sale de quicio soy yo.

DON JULIÁN. ¿Y en qué consiste ese desaire que juntos hacen la inspiración y el drama a mi buen Ernesto?

ERNESTO. Consiste en que al imaginarlo, yo creí que la idea del drama era fecunda, y al darle forma y al vestirla con el ropaje propio de la escena, resulta una cosa extraña, difícil, antidramática, imposible.

DON JULIÁN. Pero, ¿en qué consiste lo imposible del caso? Vamos, dime algo, que ya voy entrando en curiosidad. (Sentándose en el sofá.)

ERNESTO. Figúrese usted que el principal personaje, el que crea el drama, el que lo desarrolla, el que lo anima, el que provoca la catástrofe, el que la devora y la goza, no puede salir a escena.

DON JULIÁN. ¿Tan feo es? ¿Tan repugnante o tan malo?

ERNESTO. No es eso. Feo, como cualquiera, como usted o como yo. Malo, tampoco; ni malo ni bueno. Repugnante, no en verdad; no soy tan escéptico, ni tan misántropo, ni tan desengañado de la vida estoy que tal cosa afirme o que tamaña injusticia cometa.

DON JULIÁN. Pues entonces, ¿cuál es la causa?

ERNESTO. Don Julián, la causa es, que el personaje de que se trata no cabría materialmente en el escenario.

DON JULIÁN. ¡Virgen santísima y qué cosas dices! ¿Es drama mitológico por ventura y aparecen los titanes?

ERNESTO. Titanes son, pero a la moderna.

14

Don Julián. ¿En suma?

Ernesto. ¡En suma, ese personaje es... todo el mundo, que es una buena suma!

Don Julián. ¿Todo el mundo? Pues tienes razón, todo el mundo no cabe en el teatro; he ahí una verdad indiscutible y muchas veces demostrada.

Ernesto. Pues ya ve usted, como yo estaba en lo cierto.

Don Julián. No completamente. Todo el mundo puede condensarse en unos cuantos tipos o caracteres. Yo no entiendo de estas materias pero tengo oído que esto han hecho los maestros más de una vez.

Ernesto. Sí, pero en mi caso, es decir, en mi drama, no puede hacerse.

Don Julián. ¿Por qué?

Ernesto. Por muchas razones que fuera largo el explicar y sobre todo a estas horas.

Don Julián. No importa, vengan algunas de ellas.

Ernesto. Mire usted, cada individuo de esa masa total, cada cabeza de ese monstruo de cien mil cabezas, de ese titán del siglo que yo llamo todo el mundo, toma parte en mi drama un instante brevísimo; pronuncia una palabra no más, dirige una sola mirada, quizá toda su acción en la fábula es una sonrisa; aparece un punto y luego se aleja; obra sin pasión, sin saña, sin maldad, indiferente y distraído; por distracción muchas veces.

Don Julián. ¿Y qué?

Ernesto. Que de esas palabras sueltas, de esas miradas fugaces, de esas sonrisas indiferentes, de todas esas pequeñas murmuraciones y de todas esas pequeñísimas maldades; de todos esos, que pudiéramos llamar rayos insignificantes de luz dramática, condensados en un foco y en una familia, resulta el incendio y la explosión, la lucha y las víctimas. Si yo represento la totalidad de las gentes por unos cuantos tipos o personajes simbólicos, tengo que poner en cada uno lo que realmente está disperso en muchos y resulta falseado el pensamiento; unos cuantos tipos en escena, repulsivos por malvados, inverosímiles porque su maldad no tiene objeto; y resulta además el peligro de que se crea que yo trato de pintar una sociedad infame, corrompida y cruel, cuando yo solo pretendo demostrar que ni aun las acciones más insignificantes son insignificantes ni perdidas para el bien o para el mal, porque sumadas por misteriosas influencias de la vida moderna, pueden llegar a producir inmensos efectos.

DON JULIÁN. Mira, no sigas, no sigas, todo eso es muy metafísico. Algo vislumbro, pero a través de muchas nubes. En fin, tú entiendes de esas cosas más que yo; si se tratase de giros, cambios, letras y descuentos, otra cosa sería.

ERNESTO. ¡Oh, no, usted tiene buen sentido, que es lo principal!

DON JULIÁN. Gracias, Ernesto, eres muy amable.

ERNESTO. ¿Pero está usted convencido?

DON JULIÁN. No lo estoy. Debe haber manera de salvar ese inconveniente.

ERNESTO. ¡Si fuera ese solo!

DON JULIÁN. ¿Hay más?

ERNESTO. Ya lo creo. Dígame usted, ¿cuál es el resorte dramático por excelencia?

DON JULIÁN. Hombre, yo no sé a punto fijo qué es eso que tú llamas resorte dramático, pero yo lo que te digo

16

es que no me divierto en los dramas en que no hay amores, sobre todo amores desgraciados, que para amores felices tengo bastante con el de mi casa y con mi Teodora.

ERNESTO. Bueno, magnífico, pues en mi drama casi, casi, no puede haber amores.

DON JULIÁN. Malo, pésimo, digo yo. Oye, no sé lo que es tu drama pero sospecho que no va a interesar a nadie.

ERNESTO. Ya se lo dije yo a usted. Sin embargo, amores pueden ponerse y hasta celos.

DON JULIÁN. Pues con eso, con una intriga interesante y bien desarrollada, con alguna situación de efecto...

ERNESTO. No, señor; eso sí que no, todo ha de ser sencillo, corriente, casi vulgar... como que el drama no puede brotar a lo exterior. El drama va por dentro de los personajes, avanza lentamente, se apodera hoy de un pensamiento, mañana de un latido del corazón, mina la voluntad poco a poco.

DON JULIÁN. Pero todo eso, ¿en qué se conoce? Esos estragos interiores, ¿qué manifestación tienen? ¿Quién se los cuenta al espectador? ¿Dónde los ve? ¡Hemos de estar toda la noche a caza de una mirada, de un suspiro, de un gesto, de una frase suelta! Pero, hijo, ¡eso no es divertirse! Para meterse en tales profundidades se estudia filosofía.

ERNESTO. Nada, repite usted como un eco todo lo que yo estoy pensando.

DON JULIÁN. No, yo tampoco quiero desanimarte. Tú sabrás lo que haces. Y... ¡vaya! Aunque el drama sea un poco pálido, parezca pesado y no interese... con tal que luego venga la catástrofe con bríos... y que la explosión... ¿eh?

17

ERNESTO. ¡Catástrofe... explosión...! Casi, casi, cuando cae el telón.

DON JULIÁN. ¿Es decir, que el drama empieza cuando el drama acaba?

ERNESTO. Estoy por decir que sí, aunque yo ya procuraré ponerle un poquito de calor.

DON JULIÁN. Mira, lo que has de hacer es escribir ese segundo drama, ese que empieza cuando acaba el primero, porque el primero, según tus noticias, no vale la pena y ha de darte muchas.

ERNESTO. De eso estaba yo convencido.

DON JULIÁN. Y ahora lo estamos los dos, tal maña te has dado y tal es la fuerza de tu lógica. ¿Y qué título tiene?

ERNESTO. Pues esa es otra... Que no puede tener título.

DON JULIÁN. ¿Qué? ¿Qué dices? ¡Tampoco!

ERNESTO. No, señor, a no ser que lo pusiéramos en griego para mayor claridad, como dice don Hermógenes.

DON JULIÁN. Vamos, Ernesto, estabas durmiendo cuando llegué, soñabas desatinos y me cuentas tus sueños.

ERNESTO. ¿Soñando? Sí. ¿Desatinos? Tal vez. Y sueños y desatinos cuento. Usted tiene buen sentido y en todo acierta.

DON JULIÁN. Es que para acertar en este caso no se necesita gran penetración. Un drama en que el principal personaje no sale, en que casi no hay amores, en que no sucede nada que no suceda todos los días, que empieza al caer el telón en el último acto y que no tiene título, yo no sé cómo puede escribirse ni cómo puede representarse ni cómo ha de haber quien lo oiga ni cómo es drama.

ERNESTO. ¡Ah! Pues drama es. Todo consiste en darle forma y en que yo no sé dársela.

18

DON JULIÁN. ¿Quieres seguir mi consejo?

ERNESTO. ¿Su consejo de usted? ¿De usted, mi amigo, mi protector, mi segundo padre? ¡Ah! ¡Don Julián!

DON JULIÁN. Vamos, vamos, Ernesto, no hagamos aquí un drama sentimental a falta del tuyo que hemos declarado imposible. Te preguntaba si quieres seguir mi consejo.

ERNESTO. Y yo decía que sí.

DON JULIÁN. Pues déjate de dramas; acuéstate, descansa, vente a cazar conmigo mañana, mata unas cuantas perdices, con lo cual te excusas de matar un par de personajes de tu obra, y quizá de que el público haga contigo otro tanto, y a fin de cuentas tú me darás las gracias.

ERNESTO. Eso sí que no. El drama lo escribiré.

DON JULIÁN. Pero, desdichado, tú lo concebiste en pecado mortal.

ERNESTO. No sé cómo, pero lo concebí. Lo siento en mi cerebro, en él se agita, pide vida en el mundo exterior, y he de dársela.

DON JULIÁN. Pero ¿no puedes buscar otro argumento?

ERNESTO. Pero ¿y esta idea?

DON JULIÁN. Mándala al diablo.

ERNESTO. ¡Ah, Don Julián! ¿Usted cree que una idea que se ha aferrado aquí dentro se deja anular y destruir porque así nos plazca? Yo quisiera pensar en otro drama, pero este, este maldito de la cuestión, no le dejará sitio hasta que no brote al mundo.

DON JULIÁN. Pues nada... que Dios te dé feliz alumbramiento.

ERNESTO. Ahí está el problema, como dice Hamlet.

DON JULIÁN. ¿Y no podrías echarlo a la inclusa literaria de las obras anónimas? (En voz baja y con misterio cómico.)

19

ERNESTO. ¡Ah, Don Julián! Yo soy hombre de conciencia. Mis hijos, buenos o malos, son legítimos, llevarán mi nombre.

DON JULIÁN. (Preparándose a salir.) No digo más. Lo que ha de ser está escrito.

ERNESTO. Eso quisiera yo. No está escrito por desgracia, pero no importa, si yo no lo escribo, otro lo escribirá.

DON JULIÁN. Pues a la obra, y buena suerte, y que nadie te tome la delantera.

ESCENA III

Ernesto, Don Julián, Teodora.

TEODORA. (Desde fuera.) ¡Julián! ¡Julián!

DON JULIÁN. Es Teodora.

TEODORA. ¿Estás aquí, Julián?

DON JULIÁN. (Asomándose por la puerta.) Sí, aquí estoy, entra.

TEODORA. (Entrando.) Buenas noches, Ernesto.

ERNESTO. Buenas noches, Teodora. ¿Cantaron bien?

TEODORA. Como siempre. ¿Y usted ha trabajado mucho?

ERNESTO. Como siempre: nada.

TEODORA. Pues para eso, mejor le hubiera sido acompañarnos. Todas mis amigas me han preguntado por usted.

ERNESTO. Está visto que todo el mundo se interesa por mí.

DON JULIÁN. ¡Ya lo creo! Como que de todo el mundo vas a hacer el principal personaje de tu drama. Figúrate si les interesará tenerte por amigo.

TEODORA. (Con curiosidad.) ¿Un drama?

DON JULIÁN. ¡Silencio! Es un misterio... No preguntes nada. Ni título, ni personajes, ni acción, ni catástrofe... ¡lo sublime! Buenas noches, Ernesto. Vamos, Teodora.

ERNESTO. Adiós, Don Julián.

TEODORA. Hasta mañana.

ERNESTO. Buenas noches.

TEODORA. (A DON JULIÁN.) Qué preocupada está Mercedes.

DON JULIÁN. Y Severo hecho una furia.

21

TEODORA.   ¿Por qué sería?
DON JULIÁN. ¿Qué sé yo? En cambio, Pepito, alegre por ambos.
TEODORA.   Ese siempre. Y hablando mal de todos.
DON JULIÁN. Personaje para el drama de Ernesto.

(Salen Teodora y Don Julián por la derecha.)

Escena IV

ERNESTO. Diga lo que quiera Don Julián, yo no abandono mi empresa. Fuera insigne cobardía. No, no retrocedo... adelante. (Se levanta y se pasea agitadamente. Después se acerca al balcón.) Noche, protégeme, que en tu negrura, mejor que en el manto azul del día, se dibujan los contornos luminosos de la inspiración. Alzad vuestros techos, casas mil de la heroica villa, que, por un poeta en necesidad suma, no habéis de hacer menos que por aquel diablillo cojuelo que traviesamente os descaperuzó. Vea yo entrar en vuestras salas y gabinetes damas y caballeros buscando, tras las agitadas horas de públicos placeres, el nocturno descanso. Lleguen a mis aguzados oídos las mil palabras sueltas de todos esos que a Julián y a Teodora preguntaban por mí. Y como de rayos dispersos de luz, por diáfano cristal recogidos, se hacen grandes focos; y como de líneas cruzadas de sombra se forjan las tinieblas, y de granos de tierra los montes, y de gotas de agua los mares, así yo, de vuestras frases perdidas, de vuestras vagas sonrisas, de vuestras miradas curiosas, de esas mil trivialidades que en cafés, teatros, reuniones y espectáculos dejáis dispersas, y que ahora flotan en el aire, forje también mi drama, y sea el modesto cristal de mi inteligencia, lente que traiga al foco luces y sombras, para que en él brote el incendio dramático y la trágica explosión de la catástrofe. Brote mi drama, que hasta título tiene, porque allá, bajo la luz del quinqué, veo la obra inmortal del inmortal poeta florentino, y dióme en italiano lo que en buen español fuera buena imprudencia y mala osadía escribir en un libro o pronunciar en la escena. Francesca y Paolo, válganme vuestros, amores. (Sentándose a la mesa y preparándose a escribir.) ¡Al drama! ¡El drama empieza! Primera hoja: ya no está en blanco... ya tiene título. (Escribiendo.) EL GRAN GALEOTO. (Escribe febrilmente.)

ACTO I

La escena representa un salón en casa de DON JULIÁN. En el fondo una gran puerta; más allá un pasillo transversal; después la puerta del comedor, que permanece cerrada hasta el final del acto. A la izquierda del espectador, en primer término, un balcón; en segundo término, una puerta. A la derecha, en primero y segundo término, respectivamente, dos puertas. En primer término, a la derecha, un sofá; a la izquierda una pequeña mesa y una butaca. Todo lujoso y espléndido. Es de día, a la caída de la tarde.

ESCENA I

TEODORA, DON JULIÁN. TEODORA asomada al balcón,
DON JULIÁN sentado en el sofá y pensativo.

TEODORA.   ¡Hermosa puesta de sol!
¡Qué nubes, qué luz, qué cielo!
Si en los espacios azules
está el porvenir impreso,
como dicen los poetas
y nuestros padres creyeron;
si en la esfera de zafir
escriben astros de fuego,
de los humanos destinos
el misterioso secreto,
y es esta espléndida tarde,
página y cifra del nuestro,
¡qué venturas nos aguardan,
qué porvenir tan risueño,
cuánta vida en nuestra vida,
cuánta luz en nuestro cielo!
¿No es verdad?
(Dirigiéndose a JULIÁN.)
Pero, ¿qué piensas?
Ven Julián, mira aquel lejos.
¿No me contestas?

27

DON JULIÁN. (Distraído.) ¿Qué quieres?
TEODORA.   ¿No me escuchaste?
           (Acercándose a él.)
DON JULIÁN. El deseo
           siempre está donde estás tú,
           que eres su imán y su centro;
           pero a veces importunos
           acosan al pensamiento
           preocupaciones, cuidados,
           negocios...
TEODORA.   De qué reniego,
           pues de mi esposo me roban
           la atención, si no el afecto,
           pero ¿qué tienes, Julián?
           (Con sumo cariño.)
           Algo te preocupa, y serio
           debe ser, pues hace rato
           que estás triste y en silencio.
           ¿Tienes penas, Julián mío?
           Pues las reclama mi pecho,
           que si mis dichas son tuyas,
           tus tristezas yo las quiero.
DON JULIÁN. ¿Penas? ¡Siendo tú dichosa!
           ¿Tristezas? ¡Cuando poseo
           de todas las alegrías
           en mi Teodora el compendio!
           En mostrando tu semblante,
           de la salud de tu cuerpo
           como fruto, esas dos rosas;
           y tus ojos ese fuego,
           que es el resplandor del alma,
           que se entiende por dos cielos,
           en sabiendo, como sé,

que yo solo soy tu dueño,
¿qué tristezas, ni qué penas,
ni qué sombras, ni qué duelos,
pueden impedirme ser,
del corazón hasta el centro,
el hombre más venturoso
que existe en el universo?

TEODORA. ¿Y tampoco son disgustos
de negocios?

DON JULIÁN. El dinero
no me hizo perder jamás
ni el apetito, ni el sueño;
y como siempre le tuve,
no aversión, mas sí desprecio,
él se vino hacia mis arcas
sumiso como un cordero.
Y fui rico, y rico soy,
y hasta que muera de viejo,
Don Julián de Garagarza,
en Madrid, Cádiz y el Puerto,
gracias a Dios y a su suerte,
será, Teodora, el banquero,
si no de mayor fortuna,
más seguro, y de más crédito.

TEODORA. Pues bien, entonces ¿por qué
estabas hace un momento
tan preocupado?

DON JULIÁN. ¡Pensaba!
Y pensaba en algo bueno.

TEODORA. No es maravilla, Julián,
siendo tuyo el pensamiento. (Con mimo.)

DON JULIÁN. ¡Lisonjera! ¡No me adules!

TEODORA. Pero sepa yo qué es ello.

29

DON JULIÁN. Quería encontrar remate
para cierta obra de mérito.
TEODORA. ¿Para la fábrica nueva?
DON JULIÁN. No es obra de piedra y fierro.
TEODORA. ¿Pero es...?
DON JULIÁN. De misericordia
obra, y de lejanos tiempos
deuda sagrada.
TEODORA. (Con alegría natural y espontánea.) Ya sé.
DON JULIÁN. ¿Sí?
TEODORA. Pensabas en Ernesto.
DON JULIÁN. Acertaste.
TEODORA. ¡Pobre chico!
Bien hacías. ¡Es tan bueno,
tan noble, tan generoso!
DON JULIÁN. Todo a su padre, ¡modelo
de lealtad y de hidalguía!
TEODORA. ¡Vaya! ¡Y de mucho talento!
Veintiséis años... ¡y sabe!
¿Qué sé yo...? ¡Si es un portento!
DON JULIÁN. ¿Si sabe? ¡Pues ahí es nada!
Y ese es el mal, porque temo
que allá perdido en sublimes
esferas su pensamiento,
no sepa andar por el mundo,
que es prosaico y traicionero,
y no se paga jamás
de sutilezas de ingenio
hasta tres siglos después
de habérselas dicho el muerto.
TEODORA. En teniéndote por guía...
porque, tú, Julián... ¿no es cierto?
no piensas abandonarle.

30

DON JULIÁN. ¡Abandonarle! Muy negro
        era menester que fuese
        el corazón que en el pecho
        me late, para que yo
        olvidase lo que debo
        a su padre. Por el mío
        arriesgó don Juan de Acedo
        nombre y caudal, y la vida
        acaso. Si ese mancebo
        necesita de mi sangre,
        que la pida; que la tengo
        siempre dispuesta a pagar
        deudas del nombre que llevo.
TEODORA. ¡Bien, Julián! ¡Ese eres tú!
DON JULIÁN. Tú lo viste: me dijeron
        hace un año, o poco más,
        que el buen don Juan era muerto,
        y que su hijo en la miseria
        quedaba, y faltóme tiempo
        para meterme en el tren,
        ir a Gerona, cogerlo
        casi a la fuerza, hasta aquí
        volver con él, y en el centro
        de esta sala colocarle
        y decirle: "Eres el dueño
        de lo mío, que ya es tuyo,
        porque a tu padre lo debo.
        Si quieres, amo serás
        de esta casa, o cuando menos
        por segundo padre tenme,
        que si no alcanzo al primero
        por lo mucho que valía,
        tras él voy con el deseo,

31

	y en cuanto a quererte... ¡vaya!
	quién es más, allá veremos."
TEODORA.	Es verdad, eso dijiste,
	y el pobre... como es tan bueno,
	rompió a llorar como un niño
	y colgósete del cuello.
DON JULIÁN.	Es un niño, dices bien,
	y pensar en él debemos
	y en su porvenir. Y ahí tienes
	por qué preocupado y serio
	me viste ha poco, buscando
	forma y modo a lo que pienso
	hacer por él, mientras tú
	me brindabas con un bello
	panorama, y un celaje,
	y un rojo sol, que desdeño,
	desde que brillan dos soles
	más puros en nuestro cielo.
TEODORA.	Pues no adivino tu idea.
	¿Lo que piensas por Ernesto hacer?
DON JULIÁN.	Tal dije.
TEODORA.	¿Pues cabe
	hacer más de lo que has hecho?
	Hace un año vive aquí
	con nosotros, como nuestro.
	Ni aun cuando hijo tuyo fuese,
	ni mi propio hermano siendo,
	le mostraras más cariño
	ni en mí hallara más afecto.
DON JULIÁN.	Está bien, pero no basta.
TEODORA.	¿Qué no basta? Pues yo creo...
DON JULIÁN.	Tú piensas en lo presente
	y yo en lo futuro pienso.

32

TEODORA. ¿Lo futuro? ¿El porvenir?
          Pues fácilmente lo arreglo.
          Mira, vive en esta casa
          cuanto quiera, años enteros,
          como suya, pues es claro;
          hasta que allá, con el tiempo,
          por ley justa y natural,
          se enamore y le casemos.
          Entonces, de tu fortuna
          le entregas con noble empeño
          una buena parte, vanse
          a su casa, desde el templo,
          ella y él; que el refrán dice,
          y yo a su razón me atengo,
          que el casado casa quiere,
          y no porque vivan lejos
          hemos de olvidarle nunca
          ni hemos de quererle menos.
          Y ya lo ves, son felices;
          nosotros más, por supuesto.
          Tienen hijos: ¿quién lo duda?
          ¡Nosotros más! ¡Por lo menos
          (con mimo) una niña! Se enamoran
          ella y el hijo de Ernesto,
          y se casan...

(La volubilidad, el gracejo, los matices de este parlamento,
    quedan encomendados al talento de la actriz.)

DON JULIÁN. Pero ¡adónde
          vas a parar, justo cielo! (Riendo.)
TEODORA. Hablabas de porvenir
          y este porvenir te ofrezco;

33

y si no es este, Julián,
ni me gusta, ni lo acepto,

DON JULIÁN. Es como tuyo, Teodora. Pero...

TEODORA. ¡Ay, Dios! Ya tiene un pero.

DON JULIÁN. Mira, Teodora, nosotros
pagamos lo que debemos,
al amparar a ese joven
desdichado como a deudo,
y a la obligación se agregan
exigencias del afecto,
que vale tanto por sí,
como por hijo de Acedo.
Pero en toda acción humana
siempre hay algo de complejo,
siempre hay dos puntos de vista,
y siempre tiene un reverso
la medalla. Con lo cual
decirte, Teodora, quiero,
que en este caso, son casos
más que contrarios, diversos,
el de dar y recibir
protección, y que me temo
que al fin le sepan mis dones
a humillación por lo menos.
Él es noble, y es altivo,
y casi, casi, soberbio,
y a su situación, Teodora,
es forzoso hallarle término.
Hagamos por él aún más,
y finjamos hacer menos.

TEODORA. ¿De qué modo?

DON JULIÁN. Vas a ver... Pero él viene. (Mirando hacia el fondo.)

TEODORA. Pues silencio.

34

ESCENA II

TEODORA, DON JULIÁN, ERNESTO por el fondo.

DON JULIÁN. Bien venido.
ERNESTO. Don Julián...
TEODORA...

> (Saluda como distraído y se sienta
> junto a la mesa, quedando pensativo.)

DON JULIÁN. ¿Qué tienes? (Acercándose a él.)
ERNESTO. Nada.
DON JULIÁN. Algo noto en tu mirada,
y algo revela tu afán.
¿Tienes penas?
ERNESTO. ¡Desvarío!
DON JULIÁN. ¿Tienes disgustos?
ERNESTO. Ninguno.
DON JULIÁN. ¿Acaso soy importuno?
ERNESTO. ¡Usté importuno! ¡Dios mío!
(Levantándose y acercándose a él con efusión.)
No, su cariño le inspira,
su amistad es su derecho;
y lee dentro de mi pecho
cuando a los ojos me mira.
Algo tengo, sí, señor,
pero todo lo diré.
Don Julián, perdone usté,

y usté también, ¡por favor!
(A TEODORA.)
Yo soy un loco, y un niño,
y un ingrato; en puridad,
ni merezco su bondad,
ni merezco su cariño.
Yo debería ser dichoso
con tal padre y tal hermana,
y no pensar en mañana,
y, sin embargo, es forzoso
que piense. La explicación
me sonroja... ¿No me entienden?
Sí, sí, que ustedes comprenden
que es falsa mi situación.
De limosna vivo aquí.
(Con energía.)

TEODORA. Esa palabra...

ERNESTO. Teodora...

TEODORA. Nos ofende.

ERNESTO. Sí, señora,
dije mal, pero es así.

DON JULIÁN. Y yo te digo que no.
Si de limosna, y no escasa,
alguien vive en esta casa,
ese no eres tú; soy yo.

ERNESTO. Conozco, señor, la historia
de dos amigos leales,
de no sé qué caudales
de que ya no hago memoria.
A mi padre le hace honor
rasgo de tal hidalguía,
pero yo lo mancharía
si cobrase su valor.

Yo soy joven, Don Julián,
y aunque es poco lo que valgo,
bien puedo ocuparme en algo
para ganarme mi pan.
¿Será esto orgullo o manía?
No lo sé y el tino pierdo,
pero yo siempre recuerdo
que mi padre me decía:
"Lo que tú puedas hacer,
a nadie lo has de encargar;
lo que tú puedas ganar,
a nadie lo has de deber."

DON JULIÁN. De modo que mis favores
te humillan y te envilecen,
tus amigos te parecen
importunos acreedores.

TEODORA. Usted discurre en razón;
usted sabe mucho, Ernesto;
pero mire usted, en esto
sabe más el corazón.

DON JULIÁN. Esa altivez desdeñosa
no mostró mi padre al tuyo.

TEODORA. La amistad, según arguyo,
era entonces otra cosa.

ERNESTO. ¡Teodora!

TEODORA. Es noble su afán.
(Señalando a su esposo.)

ERNESTO. Es cierto, soy un ingrato,
ya lo sé, y un insensato...
perdone usted, Don Julián.
(Profundamente conmovido.)

DON JULIÁN. ¡Su cabeza es una fragua!
(A TEODORA refiriéndose a ERNESTO.)

37

TEODORA. ¡Si no vive en este mundo!
(A DON JULIÁN, lo mismo.)
DON JULIÁN. Eso sí, sabio y profundo,
y se ahoga en un charco de agua.
ERNESTO. ¡Que de esta vida no sé (tristemente)
ni hallo en ella mi camino!
Es verdad, más lo adivino
y tiemblo no sé por qué.
¡Que en las charcas de este mundo
como en alta mar me anego!
Me espantan más, no lo niego,
mucho más que el mar profundo.
Hasta el límite que marca
suelta arena el mar se tiende,
por todo el espacio extiende
emanaciones la charca.
Contra las olas del mar
luchan brazos varoniles,
contra miasmas sutiles
no hay manera de luchar.
Y yo, si he de ser vencido,
que no humilla el vencimiento,
en el último momento
solo quiero y solo pido
ver ante mí, y esto baste,
al mar que tragarme quiera,
a la espada que me hiera
o a la roca que me aplaste.
A mi adversario sentir,
su cuerpo y su furia ver,
y despreciarle al caer,
y despreciarle al morir.
Y no aspirar mansamente

mi pecho, que se dilata,
el veneno que me mata
esparcido en el ambiente.

DON JULIÁN. ¿No te dije? ¡Perdió el seso! (A Teodora.)

TEODORA. Pero, Ernesto, ¿adónde vamos?

DON JULIÁN. Con el caso que tratamos
¿qué tiene que ver todo eso?

ERNESTO. Que al verme, señor, aquí,
amparado y recogido,
lo que he pensado, he creído
que piensan todos de mí:
que al cruzar la Castellana
en el coche con ustedes,
con Teodora o con Mercedes
al salir una mañana,
al ir a su palco al Real,
al cazar en su dehesa,
al ocupar en su mesa
de diario el mismo sitial;
aunque a su optimismo pese,
el caso es, señor, que todos,
con estos o aquellos modos,
se preguntan: ¿quién es ese?
—¿Será su deudo? —No tal.
—¿Su secretario? —Tampoco.
—¿Su socio? —Si es socio, poco
trajo a la masa social.
Eso murmuran.

DON JULIÁN. Ninguno.
Eso sueñas.

ERNESTO. Por favor...

DON JULIÁN. Pues venga un nombre.

ERNESTO. Señor...

39

DON JULIÁN. Me basta solo con uno.
ERNESTO. Pues lo tienen a la mano:
está en el piso tercero.
DON JULIÁN. ¿Y se llama?
ERNESTO. Don Severo
DON JULIÁN. ¿Mi hermano?
ERNESTO. Justo, su hermano.
¿No basta? Doña Mercedes,
su noble esposa y señora.
¿Más? Pepito. Con que ahora
a ver qué dicen ustedes.
DON JULIÁN. (Con enojo.)
Pues digo y juro, y no peco,
que él, más que severo, es raro;
que ella charla sin reparo,
y que el chico es un muñeco.
ERNESTO. Repiten lo que oyen.
DON JULIÁN. Nada,
esas son cavilaciones.
Donde hay nobles intenciones
y a la gente que es honrada,
le importa poco del mundo;
cuanto el murmurar más recio,
más soberano el desprecio,
y más grande y más profundo.
ERNESTO. Eso es noble y eso siente
todo pecho bien nacido;
pero yo tengo aprendido
que lo que dice la gente,
con maldad o sin maldad,
según aquel que lo inspira,
comienza siendo mentira
y acaba siendo verdad.

¿La murmuración que cunde
nos muestra oculto pecado,
y es reflejo del pasado,
o inventa el mal y lo infunde?
¿Marca con sello maldito
la culpa que ya existía,
o engendra la que no había
y da ocasión al delito?
El labio murmurador
¿es infame o es severo?
¿es cómplice o pregonero?
¿es verdugo o tentador?
¿remata o hace caer?
¿hiere por gusto o por pena?
Y si condena, ¿condena
por justicia o por placer?
Yo no lo sé, Don Julián,
quizá las dos cosas son,
pero el tiempo y la ocasión
y los hechos lo dirán.

DON JULIÁN. Mira, no entiendo ni jota
en esas filosofías.
Presumo que son manías
con que tu ingenio se agota,
pero en fin tampoco quiero
afligirte ni apurarte.
¿Quieres, Ernesto, crearte,
independiente y severo,
una posición honrada
por ti solo? ¿No es así?

ERNESTO. Don Julián...

DON JULIÁN. Responde.

ERNESTO. (Con alegría.) Sí.

DON JULIÁN. Pues la tienes alcanzada.
          Me encuentro sin secretario,
          de Londres me brindan uno,
          pero no quiero ninguno,
          más que un ser estrafalario,
          (con tono de cariñosa reconvención)
          que su pobreza prefiere
          su trabajo y sueldo fijo,
          como cualquiera, a ser hijo
          de quien por hijo le quiere.
ERNESTO.   Don Julián...
DON JULIÁN. Pero exigente
          (con tono de cómica severidad)
          y hombre de negocios soy,
          y mi dinero no doy
          nunca de balde a la gente.
          Y he de explotarte a mi gusto,
          y he de hacerte trabajar,
          y en mi casa has de ganar
          únicamente lo justo.
          Diez horas para el tintero,
          despierto al amanecer,
          y contigo voy a ser
          más severo que Severo.
          Esto serás ante el mundo:
          víctima de mi egoísmo...
          pero Ernesto... ¡siempre el mismo
          de mi pecho en lo profundo!

          (Sin poder contenerse, cambiando de tono
               y abriéndole los brazos.)

ERNESTO.   ¡Don Julián! (Abrazándole.)

42

DON JULIÁN. ¿Aceptas?

ERNESTO. Sí.
Haga de mí lo que quiera.

TEODORA. Al fin domaste la fiera.
(A Don Julián.)

ERNESTO. ¡Todo por usted!
(A Don Julián.)

DON JULIÁN. Así,
así te quiero. Ahora escribo
a mi buen corresponsal:
le doy como es natural
las gracias y que concibo
el mérito extraordinario
del inglés de que hace alarde;
pero que ha llegado tarde,
porque tengo secretario.
(Dirigiéndose a la puerta de la derecha.)
Eso ahora... pero andar
deja al tiempo... ¡Socio luego!
(Volviendo y fingiendo que habla con misterio.)

TEODORA. ¡Calla por Dios! Te lo ruego,
¡no ves que se va a espantar! (A DON JULIÁN.)

(Sale DON JULIÁN por la derecha, primer término,
riendo bondadosamente y mirando a ERNESTO.)

43

ESCENA III

TEODORA, ERNESTO. Al fin de la escena anterior comenzó a anochecer, de suerte que al llegar a este momento el salón está ya completamente oscuro.

ERNESTO.   ¡Ah, que su bondad me abruma!
¿Cómo pagarle, Dios mío?

(Se deja caer en el sofá profundamente conmovido. TEODORA se acerca a él y queda a su lado en pie.)

TEODORA.   Dando de mano al desvío
y a la desconfianza. En suma,
teniendo juicio y pensando
que de veras le queremos,
que lo que fuimos seremos,
y en fin, Ernesto, que cuando
Julián promete, no es vana
su promesa y la mantiene,
de manera que usted tiene,
en él, padre, y en mí, hermana.

ESCENA IV

TEODORA, ERNESTO, DOÑA MERCEDES, DON SEVERO.
Los dos últimos se presentan por el fondo y en él se
detienen. El salón a oscuras; solo una pequeña claridad en el
balcón, hacia el cual se dirigen TEODORA y ERNESTO.

ERNESTO.　¡Ah, qué buenos son ustedes!
TEODORA.　¡Y usted qué niño! De hoy más
　　　　　no ha de estar triste.
ERNESTO.　Jamás.
MERCEDES.　(Desde fuera en voz baja.) ¡Qué oscuro!
DON SEVERO. (Lo mismo.) Vamos, Mercedes.
MERCEDES.　No hay nadie. (Pasando la puerta.)
DON SEVERO. (Deteniéndola.) Gente hay allí.
　　　　　(Se quedan los dos en el fondo observando.)
ERNESTO.　Teodora, mi vida entera,
　　　　　y otras mil, gustoso diera
　　　　　por el bien que recibí.
　　　　　No me debe usted juzgar
　　　　　por mi carácter adusto:
　　　　　de hacer alarde no gusto
　　　　　de amor, pero yo sé amar
　　　　　y también aborrecer
　　　　　que en propios iguales modos
　　　　　en mi pecho encuentran todos
　　　　　lo que en él quieren poner.
MERCEDES.　¿Qué dicen? (A SEVERO.)

45

DON SEVERO. Cosas extrañas
que no oigo bien.

(TEODORA y ERNESTO siguen hablando en voz baja en el balcón.)

MERCEDES. Si es Ernesto...
DON SEVERO. Y ella... es ella... por supuesto.
MERCEDES. Teodora.
DON SEVERO. Las mismas mañas:
siempre juntos. ¡No hay paciencia!
Y esas palabras... ¿Qué espero?
MERCEDES. Es verdad, vamos, Severo,
es ya caso de conciencia,
Todos dicen...
DON SEVERO. (Avanzando.) A Julián
he de hablar hoy mismo y claro.
MERCEDES. Pero también es descaro
el de ese hombre.
DON SEVERO. ¡Voto a san!
El de él, y el de ella.
MERCEDES. ¡Infeliz!
¡Es tan niña! De ella yo
me encargo.
TEODORA. ¿A otra casa? No.
¿Dejarnos? ¡Pues es feliz
la idea! No lo consiente
Julián.
DON SEVERO. (A MERCEDES.) Ni yo, ¡vive Cristo!
(En voz alta.) ¡Eh, Teodora! ¿No me has visto?
¿Se recibe así a la gente?
TEODORA. (Separándose del balcón.)
¡Don Severo! ¡Qué placer!
MERCEDES. ¿No se come? ¿Qué? ¿no es hora?

46

TEODORA. ¡Ah, Mercedes!
MERCEDES. Sí, Teodora.
DON SEVERO. (Aparte.) ¡Cómo finge! ¡Qué mujer!
TEODORA. Pediré luces.
(Tocando un timbre que está sobre la mesa.)
DON SEVERO. Bien hecho.
La gente debe ver claro.
UN CRIADO. Señora... (Presentándose en el fondo.)
TEODORA. Luces, Jenaro. (El criado sale.)
DON SEVERO. Quien sigue el camino estrecho
del deber y la lealtad,
y es siempre lo que parece,
no se apura ni enrojece
por la mucha claridad.

(Entran criados con luces, el salón queda
espléndidamente iluminado.)

TEODORA. (Después de una pequeña pausa dice con natura-
lidad y riendo. Dirigiéndose a MERCEDES.)
Eso me parece a mí y a cualquiera.
MERCEDES. Por supuesto.
DON SEVERO. ¡Hola, hola, don Ernesto!
Conque ¿estaba usted aquí,
con Teodora, cuando entré? (Con intención.)
ERNESTO. (Fríamente.) Aquí estaba por lo visto.
DON SEVERO. Por lo visto, no, ¡por Cristo!
que en las sombras no se ve.

(Acercándose a él, dándole la mano y mirándole
fijamente. TEODORA y MERCEDES hablan aparte.)

(Aparte.) Su color es encendida,

47

y parece haber llorado.
De niño y de enamorado
se llora solo en la vida.
¿Y Julián? (En voz alta.)

TEODORA.   Pues allá dentro,
se fue a escribir una carta.

ERNESTO.   (Aparte.) Aunque mi paciencia es harta,
me saca este de mi centro.

DON SEVERO. Voy a verle. ¿La comida da
tiempo? (A TEODORA.)

TEODORA.   Tiempo de sobra.

DON SEVERO. Bien. Pues manos a la obra.

(Aparte restregándose las manos y
mirando a TEODORA y a ERNESTO.)

Adiós. (En voz alta.)

TEODORA.   Adiós.

DON SEVERO. ¡Por mi vida!

(Aparte y mirándolos rencorosamente al salir.)

48

Escena V

TEODORA, MERCEDES, ERNESTO. Las dos mujeres
se sientan en el sofá. ERNESTO en pie.

MERCEDES. Hoy no nos ha visto usté. (A ERNESTO.)
ERNESTO. No.
MERCEDES. Ni tampoco a Pepito.
ERNESTO. No, señora.
MERCEDES. Está solito allá arriba.
ERNESTO. (Aparte.) Que lo esté.
MERCEDES. (A TEODORA con severidad, y misterio.)
Yo quisiera que se fuese,
porque he de hablarte...
TEODORA. ¿Tú?
MERCEDES. (Lo mismo que antes.) Sí.
De asuntos graves.
TEODORA. Pues di.
MERCEDES. Como no se marcha ese...
TEODORA. No te comprendo. (Todo en voz baja.)
MERCEDES. ¡Valor!

(Le coge la mano y se la estrecha afectuosamente.
TEODORA la mira con asombro sin comprender nada.)

Haz porque nos deje presto.
TEODORA. Si tú te empeñas...
(En voz alta.) Ernesto...
Si me hiciera usté un favor...

ERNESTO. Con mil amores.
MERCEDES. (Aparte.) Con uno,
          y sobra.
TEODORA. Pues, suba usté
         y a Pepito... vamos... que...
         pero acaso le importuno
         con este encargo.
ERNESTO. No tal.
MERCEDES. (Aparte.) ¡Con qué dulzura y qué tono!
TEODORA. Que... si renovó el abono
         de nuestro palco del Real
         como le dije, ya sabe.
ERNESTO. Con mucho gusto, al momento.
TEODORA. Gracias, Ernesto, yo siento...
ERNESTO. ¡Por Dios! (Dirigiéndose al fondo.)
TEODORA. ¡Adiós! (Sale ERNESTO por el fondo.)

Escena VI

Teodora, Mercedes.

TEODORA. ¡Cosa tan grave!
¡Alarmada estoy, Mercedes!
Ese tono, ese misterio...
¿Se trata?
MERCEDES. De algo muy serio.
TEODORA. Pero ¿de quién?
MERCEDES. Pues de ustedes
TEODORA. ¿De nosotros?
MERCEDES. De Julián,
de Ernesto y de ti. Ya ves.
TEODORA. ¿De los tres?
MERCEDES. Sí, de los tres.

(TEODORA contempla con asombro a
MERCEDES, pequeña pausa.)

TEODORA. Pues di pronto.
MERCEDES. (Aparte.) ¡Ganas dan!
Pues no, cierro la mano,
que es el asunto escabroso. (En voz alta.)
Mira, Teodora, mi esposo
al fin del tuyo es hermano,
y de una familia todos
venimos a ser, de suerte
que en la vida y en la muerte,

51

por estos o por aquellos modos,
nos debemos protección,
y ayuda y consejo... es claro;
hoy te brindo mi amparo,
y mañana, en la ocasión,
sin sonrojos en la tez
acudimos al de ustedes.

TEODORA. Y cuenta con él, Mercedes.
Pero acaba de una vez.

MERCEDES. Hasta hoy no he querido dar,
TEODORA, este paso, pero
hoy ya me dijo Severo:
"de aquí no puede pasar;
que a mi hermano el honor,
cual mi propio honor estimo,
y al ver ciertas cosas gimo
de vergüenza y de dolor.
Siempre indirectas oyendo,
siempre sonrisas mirando,
siempre los ojos bajando
y de las gentes huyendo.
En esas, de infamias, lid
es necesario acabar,
que no puedo tolerar
lo que se dice en Madrid."

TEODORA. ¡Sigue, sigue!
MERCEDES. Pues escucha.

(Pausa. MERCEDES mira fijamente a TEODORA.)

TEODORA. Vamos. ¿Qué dicen, Dios mío?
MERCEDES. Mira, cuando suena el río,
agua lleva, poca o mucha.

TEODORA. ¡No sé si suena o no suena,
si agua lleva, mucha o poca
solo sé que ya estoy loca!
MERCEDES. (Aparte.) Pobre niña, me da pena.
(En voz alta.) Pero en fin, ¿no has comprendido?
TEODORA. ¿Yo? No.
MERCEDES. (Aparte.) Torpeza es también.
(En voz alta y con energía.)
¡Está en ridículo!
TEODORA. ¿Quién?
MERCEDES. ¿Quién ha de ser? Tu marido.
TEODORA. (Levantándose con ímpetu.)
¿Julián? ¡Mentira! Villano
quien habló de esa manera.
¡Ah, si Julián le tuviera
al alcance de su mano!
MERCEDES. (Calmándola y haciéndola sentar junto a ella.)
Necesitara tener
manos para mucha gente,
que si la fama no miente
todos son de un parecer.
TEODORA. Pero en fin ¿qué infamia es esa?
¿Cuál el misterio profundo?
¿Qué es lo que repite el mundo?
MERCEDES. ¿Conque te pesa?
TEODORA. ¡Me pesa!
¿Pero qué?
MERCEDES. Mira, Teodora,
eres una niña; a tu edad
se cometen, sin maldad,
ligerezas... ¡y se llora
después tanto! ¿Todavía
no me comprendes? Di.

53

TEODORA. No. ¿Por qué he de entenderte yo
si esa historia no es la mía?
MERCEDES. Es la historia de un infame,
y es la historia de una dama...
TEODORA. ¿Y ella se llama...? (Con ansia.)
MERCEDES. Se llama...
TEODORA. ¿Qué importa cómo se llame...? (Conteniéndola.)

(TEODORA se separa de MERCEDES sin levantarse del sofá,
MERCEDES se le acerca a medida que habla. Este movimiento
de repugnancia y alejamiento en TEODORA, de protección e
insistencia en MERCEDES, muy marcado.)

MERCEDES. El hombre es ruin y traidor,
y exige de la mujer,
por una hora de placer,
una vida de dolor.
La deshonra del esposo,
de la familia la ruina,
y la frente que se inclina,
bajo sello vergonzoso;
como social penitencia
el desprecio en los demás,
¡y Dios que castiga aun más
con la voz de la conciencia!

(Ya están al otro extremo del sofá; TEODORA huye del contacto
de MERCEDES, inclina hacia atrás el cuerpo y se cubre el rostro
con las manos; al fin ha comprendido.)

MERCEDES. Ven a mis brazos, Teodora...
(Aparte.) ¡Pobrecilla, me enternece!
(En voz alta.) Ese hombre no te merece.

54

TEODORA. ¿Pero adónde va señora,
con ese arrebato ciego?
¡Si no es miedo, ni es espanto,
si no hay en mis ojos llanto,
si en mis ojos solo hay fuego!
¿A quién oyó lo que oí?
¿Quién es ese hombre? ¡Será!
¿Él acaso?
MERCEDES. Ernesto.
TEODORA. ¡Ah!
(Pausa.)
La mujer, yo, ¿no es así?
(Señal afirmativa de MERCEDES. TEODORA se levanta.)
Pues escucha aunque te irrites:
cuál es más vil no sé yo,
si el mundo que lo inventó
o tú que me lo repites.
¡Maldito el labio mundano
que dio forma a tal idea!
¡Y maldito quien lo crea
por imbécil o villano!
¡Tan maldita y tan fatal,
que solo por no arrancarla
de mi memoria y llevarla
en ella, ya soy criminal!
¡Jesús, nunca lo pensé,
Jesús, nunca lo creí,
tan desgraciado le vi
que como a hermano le amé!
Julián fue su providencia...
y él es noble y caballero...

(Deteniéndose, observando a MERCEDES y volviendo el rostro.)

55

(Aparte.) ¡Cómo me mira!... No quiero
alabarle en su presencia.
¡De modo que ya, Dios mío,
he de fingir! (Acongojándose visiblemente.)

MERCEDES.   Vamos, calma.

TEODORA.   (En voz alta.) ¡Qué angustia siento en el alma
qué desconsuelo... y qué frío...!
¡Por la pública opinión
de esta manera manchada...!
¡Ay mi madre..! ¡Madre amada...!
¡Ay Julián del corazón!

(Cae sollozando en el sillón de la izquierda.
MERCEDES procura consolarla.)

MERCEDES.   Yo no presumí... perdona...
no llores... Si no creía
nada serio... ¡Si sabía
que tu pasado te abona!
Pero siendo el caso así,
has de confesar también
que de cada ciento, cien,
de tu Julián y de ti
dirán con justo rigor,
que fuisteis harto imprudentes
dando ocasión a las gentes
a pensar en lo peor.
Tú, joven de veinte abriles,
Julián en su cuarentena,
y Ernesto la mente llena
de fantásticos perfiles...
En sus asuntos tu esposo,
el otro en sus fantasías,

56

más ocasiones que días,
y tu pensamiento ocioso...
La gente que os ve en paseo,
la gente que os ve en el Real...
mal hizo en pensar tan mal;
pero, Teodora, yo creo
que en justicia y en razón,
en todo lo que ha pasado,
el mundo puso el pecado
y vosotros la ocasión.
La moderna sociedad,
permíteme que te diga,
que la culpa que castiga
con más saña y más crueldad,
y en forma más rica y varia,
en la mujer y en el hombre,
es, Teodora, y no te asombre,
la imprudencia temeraria.

TEODORA. (Volviéndose a MERCEDES, pero sin atender.)
¿Y dices que Julián...?

MERCEDES. ¡Sí,
es la mofa de la corte!
Y tú...

TEODORA. De mí... no te importe.
¡Pero Julián! ¡Ay de mí!
¡Tan bueno! ¡Tan caballero!
Cuando sepa...

MERCEDES. Lo sabrá,
porque ahora mismo estará
hablando con él Severo.

TEODORA. ¡Qué dices!

DON JULIÁN. (Desde dentro.) ¡Basta!

TEODORA. ¡Dios mío!

57

DON JULIÁN. ¡Que me dejes!

TEODORA. ¡Ay de mí!
Vámonos pronto de aquí...

MERCEDES. (Después de asomarse a la primera puerta de la derecha.)
¡Sí, pronto, que es desvarío!

(TEODORA y MERCEDES se dirigen hacia la izquierda.)

TEODORA. (Deteniéndose.) **Pero ¿por qué? ¡No parece
sino que yo soy culpable!
¡La calumnia miserable
no mancha solo, envilece!
¡Es engendro tan maldito,
que, contra toda evidencia,
se nos mete en la conciencia
con el sabor del delito!
¿Por qué de un necio terror
me oprimen los ruines lazos?**

(En este momento aparecen en la puerta de la derecha,
primer término, DON JULIÁN y detrás DON SEVERO.)

¡Don Julián!

DON JULIÁN. **¡Teodora!**
(Corre a él, que la oprime contra su pecho.)
**¡En mis brazos!
Este es tu puesto de honor.**

ESCENA VII

TEODORA, MERCEDES, DON JULIÁN, DON SEVERO. El orden de los personajes, de izquierda a derecha, es el siguiente: MERCEDES, TEODORA, DON JULIÁN, DON SEVERO. TEODORA Y DON JULIÁN forman un grupo, ella en los brazos de él.

DON JULIÁN. Pase por primera vez,
   y ¡vive Dios! que es pasar,
   pero quien vuelva a manchar
   con lágrimas esta tez,
   (señalando a TEODORA.)
   yo juro, y no juro en vano,
   que no pasa, si tal pasa,
   los umbrales de esta casa,
   ni aun siendo mi propio hermano.

(Pausa. DON JULIÁN acaricia y consuela a TEODORA.)

DON SEVERO. Repetí lo que la gente murmura de ti, Julián.
DON JULIÁN. Infamias.
DON SEVERO. Pues lo serán.
DON JULIÁN. Lo son.
DON SEVERO. Pues deja que cuente
   lo que todo el mundo sabe.
DON JULIÁN. ¡Vilezas, mentira, lodo!
DON SEVERO. Pues repetirlo...
DON JULIÁN. No es modo
   ni manera de que acabe. (Pequeña pausa.)

59

DON SEVERO. No tienes razón.
DON JULIÁN. Razón,
y de sobra. Fuera bueno
que me trajeses el cieno
de la calle a mi salón.
DON SEVERO. ¡Pues será!
DON JULIÁN. ¡Pues no ha de ser!
DON SEVERO. ¡Mío es tu nombre!
DON JULIÁN. ¡No más!
DON SEVERO. ¡Y tu honor!
DON JULIÁN. Piensa que estás
delante de mi mujer. (Pausa.)
DON SEVERO. (A DON JULIÁN en voz baja.)
¡Si nuestro padre te viera!
DON JULIÁN. ¡Cómo...! Severo, ¿qué es esto?
MERCEDES. Silencio, que viene Ernesto.
TEODORA. (Aparte.) ¡Qué vergüenza! ¡Si él supiera!

(TEODORA vuelve el rostro y lo inclina,
DON JULIÁN la mira fijamente.)

60

ESCENA VIII

TEODORA, MERCEDES, DON JULIÁN, DON SEVERO, ERNESTO, PEPITO, los dos últimos por el foro. El orden de los personajeses el siguiente, de izquierda a derecha: MERCEDES, PEPITO, TEODORA, DON JULIÁN, ERNESTO, DON SEVERO. Es decir, que al entrar ERNESTO Y PEPITO se separan; aquel viene al lado de DON JULIÁN, este al de TEODORA.

ERNESTO. (Observando un instante desde el fondo el grupo de TEODORA y de DON JULIÁN.) (Aparte.)
Ella y él... no es ilusión.
¿Sí será lo que temí?
Lo que a ese imbécil oí...
(Refiriéndose a PEPITO, que en este momento entra.)
No fue suya la invención.

PEPITO. (Que ha mirado con extrañeza a uno y otro lado.)
Salud y buen apetito,
porque se acerca la hora.
Aquí está el palco, Teodora.
Don Julián...

TEODORA. **Gracias, Pepito.**
(Tomando el palco maquinalmente.)

ERNESTO. **¿Qué tiene Teodora?**
(A DON JULIÁN en voz baja.)

DON JULIÁN. Nada.

ERNESTO. (Como antes.) **Está pálida y llorosa.**

DON JULIÁN. (Sin poder contenerse.)
No te preocupes de mi esposa.
(Pausa. DON JULIÁN y ERNESTO cruzan una mirada.)

61

ERNESTO. (Aparte.) ¡Miserables! Fue jornada
completa.
PEPITO. Loco de atar.
(A su madre en voz baja señalando a ERNESTO.)
Porque le di cierta broma
con Teodora toma, toma...
¡que me quería matar!
ERNESTO. (En voz alta, triste pero resuelto y con ademán noble.)
Don Julián, pensé despacio
en su generosa oferta...
y aunque mi labio no acierta...
y anda torpe y va reacio...
y aunque conozco que yo
ya de su bondad abuso...
en fin, señor, que rehúso
el puesto que me ofreció.
DON JULIÁN. ¿Por qué?
ERNESTO. Porque soy así,
un poeta, un soñador.
Nunca mi padre, señor,
hizo carrera de mí.
Yo necesito viajar;
soy rebelde y soy inquieto;
vamos, que no me sujeto
como otros, a vegetar.
Espíritu aventurero,
me voy cual nuevo Colón...
En fin, si tengo razón,
que lo diga Don Severo.
DON SEVERO. Habla usted como un abismo
de ciencia y como hombre ducho.
Hace mucho tiempo, mucho,
que pensaba yo lo mismo.

DON JULIÁN. ¿Conque sientes comezón
de mundos y de viajar?
¿Conque nos quieres dejar?
Y los medios... ¿cuáles son?
DON SEVERO. Él... se marcha... a donde sienta
que ha de estar más a su gusto.
Lo demás, para ser justo,
ha de correr de tu cuenta. (A DON JULIÁN)
Cuanto quiera... no concibo
que economice ni un cuarto.
ERNESTO. (A SEVERO.) Ni yo deshonras reparto,
ni yo limosnas recibo. (Pausa.)
Pero, en fin, ello ha ser,
y como la despedida
fuera triste, que en la vida...
quizá no les vuelva a ver,
es lo mejor que ahora mismo
nos demos un buen abrazo... (A DON JULIÁN.)
y rompamos este lazo...
y perdonen mi egoísmo.
(Profundamente conmovido.)
DON SEVERO. (Aparte.) ¡Cómo se miran los dos!
TEODORA. (Aparte.) ¡Qué alma tan hermosa tiene!
ERNESTO. Don Julián, ¿qué le detiene?
Este es el último adiós.

(Dirigiéndose a DON JULIÁN con los brazos abiertos.
DON JULIÁN le recibe en los suyos y se abrazan fuertemente.)

DON JULIÁN. No, las cosas bien miradas
ni el último, ni el primero;
es el abrazo sincero
de dos personas honradas.

63

De ese proyecto insensato
no quiero que me hables más.
DON SEVERO. Pero, ¿no se va?
DON JULIÁN. Jamás.
Yo no mudo a cada rato
el punto en que me coloco,
o aquel plan a que me ciño,
por los caprichos de un niño
o los delirios de un loco.
Y aún fuera mayor mancilla,
el sujetar mis acciones
a necias murmuraciones
de la muy heroica villa.
DON SEVERO. Julián...
DON JULIÁN. Basta, que la mesa
nos aguarda.
ERNESTO. ¡Padre mío...!
no puedo.
DON JULIÁN. Pues yo confío
en que podrás. ¿O te pesa
mi autoridad?
ERNESTO. ¡Por favor!
DON JULIÁN. Vamos allá, que ya es hora.
Dale tú el brazo a Teodora (a ERNESTO)
y llévala al comedor.
ERNESTO. ¡A Teodora! (Mirándola y retrocediendo.)
TEODORA. (Lo mismo.) ¡Ernesto!
DON JULIÁN. Sí, como siempre.

(Movimiento de duda y vacilación en ambos. Al fin se
acerca ERNESTO, y TEODORA se apoya en su brazo, pero sin
mirarse, cortados, conmovidos, violentos. Todo ello queda
encomendado a los actores.)

(A Pepito.) Y vamos, tú...
el tuyo... ¡por Belcebú!
a tu madre.
(Pepito da el brazo a Mercedes.) Y junto a mí
Severo, mi buen hermano,
(apoyándose en él un momento)
y así... en familia comer,
¡y que rebose el placer
con las copas en la mano!
¿Hay quién murmura? Corriente,
pues que murmure o que grite,
a mí se me da un ardite
de lo que dice la gente.
Palacio quisiera ahora
con paredes de cristal,
y que a través del fanal
viesen a Ernesto y Teodora
los que nos traen entre manos,
porque entendiesen así
lo que se me importa a mí
de calumnias y villanos.
Cada cual siga su suerte.
(En este momento aparece un Criado con traje de
etiqueta, de negro y corbata blanca.)
La comida.

Criado.   Está servida.
(Abre la puerta del comedor; se ve la mesa, los si-
llones, lámpara colgada del techo, etc., en suma,
una mesa y un comedor de lujo.)

Don Julián. Pues hagamos por la vida,
que ya harán por nuestra muerte.
Vamos... (Invitando a que pasen.)

Teodora.   Mercedes...

MERCEDES. Teodora...
TEODORA. Ustedes...
MERCEDES. Pasen ustedes...
TEODORA. No, ve delante, Mercedes.

(MERCEDES y PEPITO pasan delante y se dirigen al comedor lentamente. TEODORA Y ERNESTO quedan todavía inmóviles y como absortos en sus pensamientos. ERNESTO fija en ella la vista.)

DON JULIÁN. (Aparte.) Él la mira y ella llora.
(Siguen muy despacio a MERCEDES; TEODORA vacilante, deteniéndose y enjuagando el llanto.)
¿Se hablan bajo? (A DON SEVERO aparte.)
DON SEVERO. No lo sé,
pero presumo que sí.
DON JULIÁN. (ERNESTO y TEODORA se han detenido y han vuelto la cabeza furtivamente. Después siguen andando.)
¿Por qué vuelven hacia aquí
la vista los dos? ¿Por qué?
DON SEVERO. Ya vas entrando en razón.
DON JULIÁN. ¡Voy entrando en tu locura!
¡Ah! ¡La calumnia es segura,
va derecha al corazón!

(Él y DON SEVERO se dirigen al comedor.)

66

ACTO II

La escena representa una sala pequeña y excesivamente modesta, casi pobre. Una puerta en el fondo; a la derecha del espectador otra puerta, una sola; a la izquierda un balcón. Un estante de pino con algunos libros, una mesa, un sillón. La mesa a la izquierda; sobre ella una fotografía de DON JULIÁN en su marco, al lado, otro marco igual al anterior, pero sin ningún retrato; ambos son bastante pequeños. También sobre la mesa un quinqué apagado, un ejemplar de la Divina Comedia del Dante, abierto por el episodio de Francesca, y un pedazo de papel medio quemado; además papeles sueltos y el manuscrito de un drama. Algunas sillas. Todos los muebles pobres, en armonía con la pobreza del cuarto. Es de día.

ESCENA I

DON JULIÁN, DON SEVERO, un CRIADO.
Los tres entran por el fondo.

DON SEVERO. ¿No está el señor?
CRIADO. No, señor,
ha salido muy temprano.
DON SEVERO. No importa, le esperaremos,
porque supongo que al cabo
don Ernesto ha de venir.
CRIADO. Es lo probable, que el amo
es puntual como ninguno
y como ninguno exacto.
DON SEVERO. Bueno, vete.
CRIADO. Sí, señor.
Si algo mandan, fuera aguardo.

(Sale el CRIADO por el fondo.)

ESCENA II

Don Julián, Don Severo.

DON SEVERO. ¡Qué modestia!
(Mirando el cuarto.)
DON JULIÁN. ¡Qué pobreza
dirás mejor!
DON SEVERO. ¡Vaya un cuarto!
Una alcoba sin salida,
(mirando por la puerta de la derecha, luego por la
del fondo)
la antesala, este despacho,
y pare usté de contar.
DON JULIÁN. Y empiece a contar el diablo
de ingratitudes humanas,
de sentimientos bastardos,
de pasiones miserables,
de calumnias de villanos,
y no acabará jamás
aunque cuente aprisa y largo.
DON SEVERO. La casualidad lo quiso.
DON JULIÁN. Ese no es el nombre, hermano.
Lo quiso... quien yo me sé.
DON SEVERO. ¿Y quién es ese? ¿Yo acaso?
DON JULIÁN. Tú también. Y antes que tú
los necios desocupados,
que de mi honor y mi esposa
sin rebozo murmuraron.

70

Y después yo, que cobarde,
y celoso, y ruin, y bajo,
dejé salir de mi hogar
a ese mancebo, que ha dado
pruebas de ser tan altivo,
como yo de ser ingrato.
Ingrato: ¿porque tú ves
mi ostentación y regalo,
el lujo de mis salones,
de mis trenes el boato,
el crédito de mi firma,
los caudales que gozamos?
Pues todo, ¿sabes de dónde
procede?

DON SEVERO. Y hasta olvidado lo tengo.

DON JULIÁN. Tú lo dijiste:
el olvido, premio humano
a toda acción generosa,
a todo arranque bizarro,
que en su modesto retiro,
sin trompetas ni reclamos,
realice un hombre por otro,
como amigo o como honrado.

DON SEVERO. Eres injusto contigo:
tu gratitud llegó a tanto,
que tu honor y hasta tu dicha
casi le has sacrificado.
¿Qué más se puede pedir?
¿Ni qué más hiciera un santo?
Todo su término tiene,
lo bueno como lo malo.
Es orgulloso... empeñóse...
y aunque te opusiste... claro...

71

él es dueño de sí mismo,
de su persona y sus actos,
y una mañana dejó,
porque quiso, tu palacio,
y en este zaquizamí
metióse desesperado.
Es muy triste; pero, amigo,
¿quién ha podido evitarlo?

DON JULIÁN. Todos, si estuviesen todos
atentos a sus cuidados,
y de las honras ajenas
no se llevasen pedazos,
al revolver de sus lenguas
y al señalar de sus manos.
¿Qué les importaba, di,
que yo, cumpliendo un sagrado
deber, hiciese de Ernesto
un hijo y ella un hermano?
¿Es suficiente, en mi mesa,
o en paseo, o en el teatro,
junto a una joven hermosa,
ver a un mancebo gallardo,
para suponer infamias
y para aventar escándalos?
¿Acaso el amor impuro,
en este mundo de barro,
es entre hombres y mujeres
único, supremo lazo?
¿No hay amistad, gratitud,
simpatía, o tal estamos,
que juventud y belleza
solo se unen en el fango?
Y aun suponiendo que fuese

lo que suponen menguados,
¿qué falta me hacen los necios
para vengar mis agravios?
Para ver tengo mis ojos,
para observar mis cuidados,
y para vengar injurias
hierro, corazón y manos.

DON SEVERO. Bien, pues hicieron muy mal
las gentes que murmuraron;
pero yo, que soy tu sangre,
que llevo tu nombre... vamos,
¿debí callar?

DON JULIÁN. ¡No, por Dios!
Pero debiste ser cauto,
y con prudencia, a mí solo,
hablarme del triste caso,
y no encender un volcán
en mi casa y en mi tálamo.

DON SEVERO. Pequé solo por exceso
de cariño, pero aun cuando
reconozca yo mi culpa,
aunque confiese que el daño
entre el mundo y yo lo hicimos,
él, infamias inventando,
y yo, recogiendo torpe
los ecos mil del escándalo,
(acercándose a él con expresión de interés y cariño)
lo que es tú, Julián, estás
limpio y libre de pecado;
conque escrúpulos desecha
y ensancha tu pecho hidalgo.

DON JULIÁN. No puedo ensanchar mi pecho,
que albergue en mi pecho he dado

73

a eso mismo, que condenan
mi entendimiento y mis labios.
Yo las calumnias del mundo
con indignación rechazo;
mienten, digo a voz en cuello,
y repito por lo bajo,
"¿y si mintiendo no mienten,
y si aciertan por acaso?"
De modo que en esta lucha
de dos impulsos contrarios,
para los demás soy juez,
y soy su cómplice en tanto.
Y en mí mismo me consumo,
conmigo mismo batallo,
la duda crece y se ensancha,
ruge el corazón airado
y ante mis ojos de sangre
se extiende rojizo manto.

DON SEVERO. ¡Deliras!

DON JULIÁN. No, no deliro; el alma te muestro, hermano.
¿Acaso piensas que Ernesto
mi casa hubiese dejado,
si yo, con firme propósito
de oponerme y de estorbarlo,
cuando él cruzó sus umbrales,
le hubiera salido al paso?
Se fue, porque allá en el fondo
de mi espíritu turbado,
traidora voz resonaba
diciéndome: "Deja franco
el portillo a la salida,
y cierra bien en pasando,
que en fortalezas de honor

es mal alcaide el confiado."
Y en lo interior un deseo,
y otro deseo en los labios;
y "Vuelve, Ernesto", en voz alta,
y "No vuelvas", por lo bajo,
a un mismo tiempo, con él,
con apariencias de franco,
¡era hipócrita y cobarde,
era astuto y era ingrato!
No, Severo, no se porta
así, quien es hombre honrado.

(Se deja caer en el sillón que está junto a la mesa,
mostrando, gran abatimiento.)

DON SEVERO. Así se porta, quien cuida
a esposa de pocos años,
y de espléndida hermosura,
y de espíritu exaltado.
DON JULIÁN. ¡No hables tal de mi Teodora!
Es espejo que empañamos
con nuestro aliento, al querer
imprudentes acercarnos.
¡La luz del sol reflejaba,
antes que del mundo airado,
las mil cabezas de víboras
se acercasen a mirarlo!
Hoy bullen en el cristal
dentro del divino marco;
pero sombras son sin cuerpo,
ha de espantarlas mi mano,
y otra vez verás en él
el limpio azul del espacio.

DON SEVERO. Mejor que mejor.
DON JULIÁN. No así.
DON SEVERO. ¿Pues qué falta?
DON JULIÁN. ¡Falta tanto! Advierte que estas internas
luchas, que te he confesado,
han hecho de mi carácter
otro carácter contrario.
Ahora mi esposa me ve
siempre triste, siempre huraño;
no soy el mismo que he sido,
por serlo me esfuerzo en vano;
y ella debe preguntarse
al observar este cambio:
"¿Dónde está Julián, Dios mío,
dónde está mi esposo amado?
¿Qué hice yo para perder
su confianza? ¿Qué villanos
pensamientos le preocupan
y le arrancan de mis brazos?"
Y una sombra entre los dos
se va de este modo alzando,
y nos separa y aleja
lentamente y paso a paso.
No ya más dulces confianzas,
no ya más coloquios plácidos,
heláronse las sonrisas,
los acentos son amargos,
en mí recelos injustos,
en Teodora triste llanto,
yo herido en mi amor, y en ella,
heridos, y por mi mano,
su dignidad de mujer,
y su cariño. Así estamos.

76

DON SEVERO. Pues estamos en camino
de perdición. Si tan claro
ves lo que pasa ¿por qué
no pones remedio?
DON JULIÁN. Es vano
mi esfuerzo. Yo sé que soy
injusto de ella dudando;
es más, si por hoy no dudo,
pero ¿quién dice que al cabo,
yo perdiendo poco a poco,
y él poco a poco ganando,
no será verdad mañana,
lo que hoy mentira juzgamos?

(Cogiendo por el brazo a DON SEVERO y hablándole
con reconcentrada energía y mal contenidos celos.)

Yo, el celoso; yo, el sombrío;
yo, el injusto; yo, el tirano;
y él, el noble y generoso,
siempre dulce y resignado,
con la aureola del martirio,
que a un mozo apuesto y gallardo
sienta tan bien a los ojos
de toda mujer, es llano
que él lleva la mejor parte
en este injusto reparto,
y que gana lo que pierdo,
sin que pueda remediarlo.
Esto es lo cierto, no dudes,
y agrega que con reclamos
infames, llega traidor
el mundo a los dos en tanto,

y aunque dicen con verdad
"¡Pero si no nos amamos!"
a fuerza de repetirlo
acabarán por pensarlo.

DON SEVERO. Si así estás, mira, Julián,
yo creo que lo más sano
es dejar que Ernesto lleve
todo su proyecto a cabo.

DON JULIÁN. Pues a estorbárselo vengo.

DON SEVERO. Pues eres un insensato.
¿A Buenos Aires pretende
marcharse? Pues ni de encargo,
váyase en buque de vela,
viento fresco y mucho trapo.

DON JULIÁN. Y a los ojos de Teodora
¿quieres que aparezca ingrato,
y miserable, y celoso?
¿Tú no sabes, pobre hermano,
que hombre a quien mujer desprecia,
podrá ser su amante al cabo,
pero que si lleva nombre
de esposo, está deshonrado?
¿Quieres que mi esposa siga,
a través del mar amargo,
con el pensamiento triste,
al infeliz desterrado?
¿No sabes, que si yo viese
sobre su mejilla el rastro
de una lágrima no más,
y pensase que era el llanto
por Ernesto, la ahogaría
entre mis crispadas manos?
(Con reconcentrado furor.)

78

DON SEVERO. ¿Pues entonces, qué debemos hacer?
DON JULIÁN. Sufrir, que el cuidado
          de preparar desenlace
          para este drama está a cargo
          del mundo que lo engendró
          solamente con mirarnos,
          tal su mirada es fecunda
          en lo bueno y en lo malo.
DON SEVERO. Presumo que viene gente.
          (Acercándose al fondo.)
UN CRIADO. No puede tardar el amo.

          (Desde dentro, pero sin presentarse.)

ESCENA III

DON JULIÁN, DON SEVERO, PEPITO por el fondo.

DON SEVERO. ¿Tú por aquí?

PEPITO. (Aparte.) ¡Toma, ya
lo supieron! Me he lucido.
(En voz alta.) Pues todos hemos venido.
Adiós, tío; adiós, papá.
(Aparte.) Nada, saben lo que pasa.
(En voz alta.) ¿Conque ustedes... por supuesto,
buscando vendrán a Ernesto?

DON SEVERO. ¿Pues a quién en esta casa?

DON JULIÁN. ¿Y tú estarás al corriente
de lo que trata ese loco?

PEPITO. ¿De lo que...? Pues claro, un poco.
Sé... lo que sabe la gente.

DON SEVERO. ¿Y es mañana cuando...?

PEPITO. No,
mañana se ha de marchar,
y tiene que despachar
hoy mismo.

DON JULIÁN. (Con extrañeza.) ¿Qué dices?

PEPITO. ¿Yo?
Lo que dijo Pepe Uceda
a la puerta del Casino
ayer noche, y es padrino
del Vizconde de Nebreda.
Conque si él no acierta... Pero,

¡miran ustedes de un modo!
¿Acaso no saben...?
DON JULIÁN. Todo.

(Con resolución, previniendo un movimiento de su hermano.)

DON SEVERO. Nosotros...
DON JULIÁN. (Aparte.) Calla, Severo.
Que parte mañana oímos,
(en voz alta) y que hoy... se juega la vida...
y a evitar duelo y partida
como es natural, vinimos.

(En toda esta escena DON JULIÁN finge estar enterado del
lance para sonsacar a PEPITO, aunque claro es que solo venía
por el viaje de ERNESTO. Todos los pormenores y accidentes
del diálogo quedan encomendados al talento del actor.)

DON SEVERO. ¿Qué duelo es ese? (Aparte a DON JULIÁN.)
DON JULIÁN. (Aparte a DON SEVERO.) No sé,
pero lo sabremos pronto.
PEPITO. (Aparte.) Vamos, pues no he sido un tonto.
DON JULIÁN. Nosotros sabemos que...
(con tono de estar muy enterado)
con un vizconde...
PEPITO. Sí tal.
DON JULIÁN.   ¡Tiene Ernesto concertado
un duelo! Nos lo ha contado
cierta persona formal
que lo supo en el instante.
¡Dicen que es grave la cosa!
(Señas afirmativas de PEPITO.)
¡Una riña escandalosa!

¡Y mucha gente delante!
(Lo mismo.) ¡Que tú mientes! ¡Que yo miento!
¡Y palabras en montón!

PEPITO. (Interrumpiendo con el placer y el afán del que sabe más.)
¡Palabras...! ¡Un bofetón
más grande que un monumento!

DON SEVERO. ¿Quién a quién?

PEPITO. Ernesto al otro.

DON JULIÁN. ¡Ernesto...! ¿No te enteraste? (A DON SEVERO.)
Ese Vizconde dio al traste
con su paciencia. En un potro
le tuvo... Vamos... de modo...
que el pobre chico rompió.

PEPITO. Cabal.

DON JULIÁN. Si te lo dije yo, que nos lo han contado todo.
(Con suficiencia.)
¿Y el lance es serio?
(Con ansiedad mal contenida.)

PEPITO. Muy serio.
Pena el decirlo me da,
pero con ustedes ya
es inútil el misterio.

DON JULIÁN. ¿Con qué objeto, ni a qué fin?

(Se acercan con ansiedad a PEPITO y este hace una pausa
y se da todo el tono del que comunica una mala noticia.)

PEPITO. ¡Pues a muerte! (Les mira con aire de triunfo.)
(Movimiento de DON JULIÁN y de DON SEVERO.)
Y el Vizconde
ni se espanta, ni se esconde,
¡y es un gran espadachín!

82

DON JULIÁN. Y la disputa... ¿por qué?
A Nebreda se le imputa...
PEPITO. Si casi no hubo disputa...
yo les diré cómo fue.
(Pausa, se acercan a PEPITO con ansiedad profunda.)
Como Ernesto proyectaba
dejar mañana a Madrid,
por si pasaje en el Cid
a tiempo en Cádiz lograba,
y como Luis Alcaraz
prometida le tenía
una carta, que decía
que era de efecto eficaz
como recomendación,
a recogerla se fue
el pobre chico al café
con la mejor intención.
No estaba el otro; le espera,
ninguno allí le conoce,
y prosiguen en el goce
sublime de la tijera
sin reparar en su faz,
ni en sus dientes apretados
unos cuantos abonados
a la mesa de Alcaraz.
Venga gente, y caiga gente;
mano larga, y lengua lista;
¡allí se pasó revista
a todo bicho viviente!
Y en medio de aquel cotarro,
con más humo que echa un tren,
entre la copa de Ojén,
la ceniza del cigarro,

y alguno que otro terrón
de azúcar, allí esparcido,
quedó el mármol convertido
en mesa de disección.
Cada mujer deshonrada,
una copa de lo añejo;
cada tira de pellejo,
una alegre carcajada.
En cuatro tijeretazos,
dejaron aquellos chicos
las honras hechas añicos,
las damas hechas pedazos.
Y sin embargo, ¿qué fue
ni qué era aquello en verdad?
Ecos de la sociedad
en la mesa de un café.
Esto no lo digo yo,
ni lo pienso, por supuesto.
Esto me lo dijo Ernesto,
cuando el lance me contó.

DON JULIÁN. ¡Acaba! ¿No acabarás?

PEPITO. Por fin, entre nombre y nombre,
el nombre sonó... de un hombre,
y Ernesto no pudo más.
"¿Quién se atreve a escarnecer
a un hombre de honor?" exclama;
y le responden: "¡La dama!"
y nombran una mujer.
Brotando fuego el semblante
se arroja sobre Nebreda,
y el pobre Vizconde rueda,
y es un campo de Agramante
aquel centro principal.

84

Resumen de la jornada:
hoy es el duelo y a espada
en un salón. No sé cuál.

DON JULIÁN. (Cogiéndole por un brazo con furor.)
¿Y el hombre era yo?

PEPITO. ¡Señor!

DON JULIÁN. ¿Y Teodora la mujer?
¡Dónde fueron a caer
ella, mi nombre y mi amor!

(Se desploma sobre un sillón ocultando
el rostro entre las manos.)

DON SEVERO. (Aparte a PEPITO.)
¡Qué has hecho, desventurado!

PEPITO. (Aparte.) ¿No dijo que lo sabía?
Pues yo... por eso... creía...

DON JULIÁN. ¡Deshonrado! ¡Deshonrado...!

DON SEVERO. ¡Julián! (Acercándose con cariño.)

DON JULIÁN. Es verdad, ya sé
que es preciso tener calma...
Pero ¡ay, que me falta el alma
cuando me falta la fe!

(Cogiéndose a su hermano con ansia.)

Pero ¿por qué de este modo
nos infaman, cielo santo?
¿Dónde hay razón para tanto
revolver y echarnos lodo...?
No importa, yo sé cumplir
como cumple un caballero.
¿Cuento contigo, Severo?

85

DON SEVERO. ¿Si cuentas...? ¡Hasta morir!
(Se aprietan la mano con energía.)
DON JULIÁN. ¿El duelo? (A PEPITO.)
PEPITO. A las tres.
DON JULIÁN. (Aparte.) ¡Le mato!
Sí... ¡le mato! Vamos. (A SEVERO.)
DON SEVERO. ¿Dónde?
DON JULIÁN. A buscar a ese Vizconde.
DON SEVERO. ¿Tratas por ventura...?
DON JULIÁN. Trato...
trato de hacer lo que puedo:
de vengar mi honra ofendida
y de salvarle la vida
al hijo de Juan Acedo.
(A PEPITO.) ¿Quiénes los padrinos son?
PEPITO. Los dos: Alcaraz y Rueda.
DON JULIÁN. Los conozco. Aquí se queda
ese por si hay ocasión (Señalando a PEPITO.)
y vuelve Ernesto...
DON SEVERO. Entendido.
DON JULIÁN. Tú, sin inspirar recelo,
averiguas dónde el duelo
debe ser.
DON SEVERO. Ya lo has oído.
DON JULIÁN. Ven.
DON SEVERO. Julián, ¿qué tienes?
DON JULIÁN. ¡Gozo!,
como ha mucho no sentí.
(Cogiéndole el brazo nerviosamente.)
DON SEVERO. ¡Qué diablo, no estás en ti!
¿Gozo?
DON JULIÁN. De ver a ese mozo.
DON SEVERO. ¿A Nebreda?

DON JULIÁN. Sí, repara,
que hasta hoy la calumnia fue
impalpable, y no logré
ver cómo tiene la cara.
¡Y al fin sé dónde se esconde,
al fin tomó cuerpo humano
y se me viene a la mano
bajo forma de un Vizconde!
Devorando sangre y hiel
tres meses ¡por Belcebú!
y ahora... figúrate tú...
¡frente a frente, yo con él!

(Salen por el fondo DON JULIÁN y DON SEVERO.)

Escena IV

PEPITO.   Pues señor, ¡vaya un enredo!
y un enredo sin motivo.
Aunque también fue locura,
por más que diga mi tío,
poner bajo el mismo techo,
casi en contacto continuo,
a una niña como un sol,
y a Ernesto, que es guapo chico,
con un alma toda fuego,
y dado al romanticismo.
Él perjura que no hay nada,
que es un afecto purísimo,
que como hermano la quiere,
y que es su padre mi tío;
pero yo, que soy muy zorro,
y aunque joven he visto
muchas cosas en el mundo,
de hermanazgos no me fío,
cuando los hermanos son
tan jóvenes y postizos.
Mas supongamos que sea,
como dicen, su cariño:
la gente ¿qué entiende de eso?
¿Qué obligación han suscrito
para pensar bien de nadie?
¿No los ven siempre juntitos
en el teatro, en el paseo,
a veces en el Retiro?

Pues el que los vio, los vio,
y como los vio, lo dijo.
"Que no", me juraba Ernesto,
que "casi nunca" han salido
de ese modo. ¿Fue una vez?
Pues basta. Si les han visto
cien personas ese día,
es para el caso lo mismo,
que haberse mostrado en público
no en un día, en cien distintos.
Señor, ¿ha de hacer la gente
información de testigos,
y confrontación de fechas,
para averiguar si han sido
muchas veces o una sola,
cuando pasearon juntitos
su simpatía purísima
y su fraternal cariño?
Esto ni es serio, ni es justo,
y además fuera ridículo.
Lo que vieron dicen todos
y no mienten al decirlo.
Les vi una vez. —Otra yo.
Una y una, dos, de fijo.
Y yo también. —Ya son tres,
y ese cuatro y aquél cinco.
Y de buena fe sumando
se llega hasta lo infinito.
Y vieron, porque miraron,
y en fin porque los sentidos
son para usados a tiempo,
sin pensar en el vecino.
Que él se ocupe de lo suyo,

y recuerde, que en el siglo,
el que quita la ocasión,
quita calumnia y peligro.
(Pequeña pausa.) Y cuidado que concedo
la pureza del cariño,
y este es asunto muy grave,
porque a mis solas cavilo,
que estar cerca de Teodora
y no amarla, es ser un risco.
Él será sabio, y filósofo,
y matemático, y físico,
pero tiene cuerpo humano,
y la otra cuerpo divino,
y basta *corpo di baco,*
para cuerpo de delito.
¡Si estas paredes hablasen!
¡Si los pensamientos íntimos
de Ernesto, forma tangible
tomasen, aquí esparcidos...!
Vamos a ver, por ejemplo,
aquel marco está vacío,
y en el otro don Julián
luce su semblante típico.
Antes estaba Teodora
pendant haciendo a mi tío,
¿por qué su fotografía
habrá desaparecido?
¿Para evitar tentaciones?
(Sentándose junto a la mesa.)
Si esta es la causa, ¡malísimo!
Y peor si dejó el cuadro
para mejorar de sitio,
y cerca del corazón

buscar misterioso abrigo.
Vamos a ver: ¡acusad,
de la sospecha, diablillos,
que flotáis por el espacio
tejiendo invisibles hilos!
¡Acusad sin compasión
a ese filósofo místico!
(Mira la mesa observando el Infierno del Dante.)
Y esta es otra: ni una vez
a ver a Ernesto he venido,
que en su mesa no encontrase
abierto este hermoso libro.
Dante: *Divina Comedia,* (leyendo)
su poema favorito.
Y no pasa del pasaje (mirando otra vez)
de Francesca, por lo visto.
Tiene dos explicaciones
el caso, ya lo concibo.
O que Ernesto no lee nunca,
o que siempre lee lo mismo.
Pero aquí noto una mancha,
como si hubiese caído
una lágrima, ¡señor
qué misterios y qué abismos!
¡Y qué difícil es ser
casado y vivir tranquilo!
¿Un papel hecho ceniza?...
(Recogiéndolo de la mesa o del suelo.)
No, que aún queda algún vestigio.

(Se levanta y se acerca al balcón procurando leer en el
pedazo de papel. En este momento entra ERNESTO y se
detiene observándole.)

91

Escena V

Pepito, Ernesto.

ERNESTO. ¿Qué estás mirando?

PEPITO. ¡Hola, Ernesto! Pues... un papel que flotaba...
el aire se lo llevaba...

ERNESTO. (Tomándolo y devolviéndolo después de un instante de observación.)
No recuerdo lo que es esto.

PEPITO. Eran versos. Tú sabrás.
(Leyendo, pero con dificultad.)
"El fuego que me devora."
(Aparte.) Pues, consonante a Teodora.

ERNESTO. Cualquier cosa.

PEPITO. (Desistiendo de leer.) Y nada más.

ERNESTO. Nuestra vida simboliza
ese papel sin valor:
unos gritos de dolor,
y unos copos de ceniza.

PEPITO. ¿Pero fueron versos?

ERNESTO. Sí.
A veces no sé qué hacer:
dejo la pluma correr...
anoche los escribí.

PEPITO. Y para ayudar al estro,
y ponerte en situación,
¿buscabas inspiración
en el libro del maestro?

ERNESTO.   Me parece...
PEPITO.   No hay que hablar...
             es una obra gigantesca.
             Episodio de Francesca.
             (Señalando el libro.)
ERNESTO.   (Con ironía e impaciencia.)
             Hoy estás para acertar.
PEPITO.   No en todo ¡por Belcebú!
             Ahí mismo, donde está abierto,
             algo dice, que no acierto,
             y que has de explicarme tú.
             Leyendo un libro de amor,
             por pasatiempo tan solo,
             diz que Francesca y Paolo
             llegaron donde el autor
             gallardamente celebra,
             demostrando no ser zote,
             amores de Lanzarote,
             y de la reina Ginebra.
             Tal fuego, para tal roca:
             trajo un beso el libro aquel,
             y un beso le dio el doncel,
             loco de amor en la boca.
             Y en tal punto y ocasión,
             el poeta florentino,
             con acento peregrino,
             y sublime concisión,
             dice, lo que aquí hallarás,
             (señalando el libro)
             y lo que yo no alcancé:
             que Galeoto el libro fue,
             y que no leyeron más.
             ¿No leyeron? Entendido,

y no está mi duda ahí.
Pero ese Galeoto, di,
¿por qué sale y quién ha sido?
Y tú lo debes saber,
es el título del drama
(señalando unos papeles que se supone que son
el drama)
que escribiste y tanta fama
te ha de dar. Vamos a ver.
(Coge el drama y lo examina.)

ERNESTO. De la reina y Lanzarote
fue Galeoto el medianero,
y en amores, el tercero,
puede llamarse por mote,
y con verdad, el Galeoto,
sobre todo si se quiere
evitar nombre que hiere,
y con él un alboroto.

PEPITO. Bueno, justo, lo concibo
¿pero no hay en castellano
nombre propio y a la mano?

ERNESTO. Muy propio y muy expresivo.
Este oficio que en doblones
convierte las liviandades,
y concierta voluntades
y se nutre de aficiones
nombre tiene y yo lo sé.
Pero es ponerme en un brete
hacer que diga... y concrete
(señalando el drama)
lo que al cabo no diré.
(Le arranca el drama y lo arroja sobre la mesa.)
En cada caso especial,

uno especial también noto;
pero a veces es Galeoto
toda la masa social.
Obra entonces sin conciencia
de que ejerce tal oficio,
por influjos de otro vicio
de muy distinta apariencia;
pero tal maña se da
en vencer honra y pudor,
que otro Galeoto mayor,
ni se ha visto, ni verá.
Un hombre y una mujer
viven felices y en calma,
cumpliendo con toda el alma
uno y otro su deber.
¡Nadie repara en los dos,
y va todo a maravilla;
pero esto en la heroica villa
dura poco, vive Dios!
Porque ocurre una mañana,
que les miran al semblante,
y ya desde aquel instante,
o por terca, o por villana,
se empeña la sociedad,
sin motivo y sin objeto,
en que ocultan un secreto
de impureza y liviandad.
Y ya está dicho y juzgado:
no hay razón que les convenza,
ni hombre existe que les venza,
ni honra tiene el más honrado.
Y es lo horrible de esta acción,
que razón, al empezar,

no tienen, y al acabar,
acaso tienen razón.
¡Porque atmósfera tan densa
a los míseros circunda,
tal torrente los inunda,
y es la presión tan intensa,
que se acercan sin sentir,
y se ligan sin querer,
se confunden al caer,
y se adoran al morir!
El mundo ha sido el ariete
que virtudes arruinó;
él la infamia preparó;
fue Galeoto y...
(aparte) ¡Vete, vete,
pensamiento de Satán,
que tu fuego me devora!

PEPITO.   (Aparte.) Si discurre así Teodora,
¡Dios proteja a don Julián! (En voz alta.)
¿Y acaso sobre ese tema
fueron los versos de anoche?

ERNESTO.   Ciertamente.

PEPITO.   ¡Qué derroche
su tiempo con esa flema,
y que esté... así... tan sereno...
sin ocuparse de nada,
quien ha de cruzar su espada
muy pronto sobre el terreno
con Nebreda, que en rigor,
con un florete en la mano
es mucho hombre! ¿No es más sano,
y no te fuera mejor,
preparar un golpe recto,

96

o una parada en tercera,
que exprimirte la mollera
sobre tal verso incorrecto,
o sobre tal consonante
declarado en rebeldía?
¿Con toda tu sangre fría
no piensas que estar delante
del Vizconde es serio?

ERNESTO. No.
Y en buena razón me fundo.
Si le mato, gana el mundo;
si me mata, gano yo.

PEPITO. ¡Bueno! Mejor es así.

ERNESTO. No hablemos más del asunto.

PEPITO. (Aparte.) Ahora con maña pregunto...
¿Y es hoy mismo?
(Acercándose a él y en voz más baja.)

ERNESTO. Hoy mismo, sí.

PEPITO. ¿Vais a las afueras?

ERNESTO. No.
No era posible a tal hora.
Un lance que nadie ignora...

PEPITO. ¿En alguna casa?

ERNESTO. Yo
lo propuse.

PEPITO. ¿Dónde?

ERNESTO. Arriba.
(Todo esto con frialdad e indiferencia.)
Un cuarto desalquilado:
gran salón, luz de costado
Sin que nadie lo perciba,
mejor sitio que da un cerro
para el caso que se trata,

97

nos da un puñado de plata.

PEPITO. ¿Y ya solo falta...?

ERNESTO. ¡Hierro!

PEPITO. Hablan fuera... gente viene...
(Acercándose al fondo.)
¿Los padrinos? (A ERNESTO.)

ERNESTO. Podrá ser.

PEPITO. Parece voz de mujer...
(Asomándose a la puerta.)

ERNESTO. Pero ¿por qué les detiene?
(Acercándose también.)

ESCENA VI

Ernesto, Pepito, Criado.

CRIADO.	(Con cierto misterio.) Preguntan por el señor.
PEPITO.	¿Quién pregunta?
CRIADO.	Una señora.
ERNESTO.	Es extraño.
PEPITO.	¿Pide? (En voz baja al criado.)
CRIADO.	(Lo mismo a PEPITO.) Llora.
PEPITO.	¿Es joven? (En voz alta.)
CRIADO.	Pues en rigor, yo no lo puedo decir; la antesala es muy oscura, y la señora procura de tal manera cubrir la cara, que el percibirla ya es empresa y ya es trabajo; y habla tan bajo, tan bajo, que no hay manera de oírla.
ERNESTO.	¿Quién será?
PEPITO.	Quien quiere verte.
ERNESTO.	No adivino...
PEPITO.	(Aparte.) Está perplejo. Oye, a tus anchas te dejo, un abrazo y buena suerte. (Dándole un abrazo y tomando el sombrero.) ¿Qué esperas, bobalicón? (Al CRIADO.)

99

CRIADO.   Que mande el señor que pase.
PEPITO.   En asuntos de esta clase
           se adivina la intención.
           Y después, hasta el momento
           en que salga la tapada,
           no abras la puerta por nada,
           aunque se hunda el firmamento.
CRIADO.   ¿Conque la digo que sí?
ERNESTO.   Bueno. Adiós.
           (A PEPITO, que está ya en la puerta.)
PEPITO.   Adiós, Ernesto.
           (Salen él y el CRIADO por el fondo.)
ERNESTO.   ¿Una dama...? ¿Qué pretexto...?
           ¿O qué razón?

(Pausa, en este momento se presenta en la puerta del fondo,
   y en ella se detiene, cubriéndose con un velo, TEODORA.)

           Ya está aquí.

ESCENA VII

Teodora, Ernesto. Ella en el fondo, sin atreverse a avanzar;
él en primer término volviéndose hacia ella.

ERNESTO.   Usté hablarme deseó,
            si usted se digna, señora...
            (Invitándola a que pase.)
TEODORA.   Perdón, Ernesto.
            (Levantando el velo.)
ERNESTO.   ¡Teodora!
TEODORA.   Hago mal, ¿no es cierto?
ERNESTO.   (Cortado y balbuciente.) Yo...
            no lo sé... porque yo ignoro
            honra tal a qué debí...
            Pero, ¿qué digo? ¡Ay de mí!
            ¡Si en mi casa su decoro
            ha de hallar respeto tal...
            que ya más no pueda ser!
            (Con exaltación.)
            ¿Por qué, señora, temer,
            que en ello pueda haber mal?
TEODORA.   Por nada... y un tiempo ha sido,
            ¡que para siempre ha pasado!
            en que, ni hubiera dudado,
            ni hubiera, Ernesto, temido;
            en que cruzara un salón
            cualquiera, de usted cogida,
            sin la frente enrojecida,

sin miedo en el corazón;
en que al partirse de aquí...
como dicen que mañana,
a la tierra americana,
parte usted... yo misma... sí...
como aquéllos que se van...
acaso no han de volver...
como es tan triste perder...
un amigo... ante Julián...
ante el mundo... conmovida...
pero sin otro cuidado...
yo misma... le hubiera dado...
¡los brazos por despedida!

ERNESTO. (Hace un movimiento, y luego se detiene.)
¡Ah, Teodora!...

TEODORA. Pero ahora
presumo que no es lo mismo.
Hay entre ambos un abismo.

ERNESTO. Tiene usted razón, señora.
Ya no podemos querernos,
ni siquiera como hermanos;
ya se manchan nuestras manos,
si se aproximan al vernos.
Lo que ha sido ya se fue;
es necesario vencerse;
es preciso aborrecerse.

TEODORA. (Con ingenuidad y angustia.)
¡Aborrecernos! ¿Por qué?

ERNESTO. ¡Yo aborrecerla! ¿Tal dije?
¿A usted, pobre niña?

TEODORA. Sí.

ERNESTO. No haga usted caso de mí;
y si la ocasión lo exige,

y mi vida ha menester,
mi vida, Teodora, pida,
que dar por usted la vida
será... (Con pasión.)
(Transición: conteniéndose y cambiando de tono.)
cumplir un deber. (Pequeña pausa.)
¡Aborrecer! Si mis labios
dijeron palabra tal,
fue que pensaba en el mal,
que pensaba en los agravios
que sin querer hice yo
a quien tanto bien me hacía.
Usted, Teodora, debía
aborrecerme, yo... no.

TEODORA. (Con tristeza.) Mucho me han hecho llorar,
razón tiene usted en esto,
(Con mucha dulzura.)
pero a usted... a usted, Ernesto,
yo no le puedo acusar.
Ni pensando sin pasión
hay nadie que le condene;
porque usted ¿qué culpa tiene
de tanta murmuración?
¿Ni del ponzoñoso afán
que muestra ese mundo impío,
ni del carácter sombrío
de nuestro pobre Julián?
De su enojo, que es dolor,
de su acento que me hiere,
¡de la pena con que muere,
porque duda de mi amor!

ERNESTO. ¡Eso es lo que no concibo,
y en él, aún menos que en otro,

lo que me pone en un potro,
lo que juro por Dios vivo,
que no es digno de merced,
ni hay pretexto que lo escude:
que exista un hombre que dude
de una mujer como usted! (Con profunda ira.)

TEODORA.   ¡Bien paga su duda fiera
mi Julián!

ERNESTO.   (Espantado de haber acusado a DON JULIÁN delante de TEODORA.) ¡Qué dije yo!
¿Yo acusarle? ¡No! Dudó,
(apresurándose para disculpar a DON JULIÁN y para
borrar el efecto de lo que dijo)
como dudara cualquiera,
como duda quien adora.
si no hay cariño sin celos.
¡Hasta del Dios de los cielos
hay quienes dudan, Teodora!
Es natural egoísmo:
es que el dueño de un tesoro,
guarda su oro porque es oro,
y teme por él. Yo mismo,
si por arte sobrehumano
consiguiera hacerla mía,
¡dudaría...! ¡Dudaría...
hasta de mi propio hermano!

(Con creciente exaltación; de repente se detiene al observar
que otra vez, y por distinto lado, va a caer en el mismo
abismo de que antes huyó. TEODORA en este mismo instante
oye voces hacia la puerta del fondo y se dirige a ella.)

(Aparte.) ¿Adónde vas, corazón?

104

¿Qué hay en tu seno profundo?
¡Dices que calumnia el mundo,
y tú le das la razón!

TEODORA. Escuche usted... gente viene...

ERNESTO. Las dos apenas...
(Acercándose al fondo.) ¿Serán...?

TEODORA. (Con cierto terror.)
¡Esa es la voz de Julián...!
¡Entrará...!

ERNESTO. No... se detiene...

TEODORA. (Lo mismo, como preguntando a ERNESTO.)
Si es Julián...

(Hace un movimiento para dirigirse a la puerta de la derecha,
ERNESTO la detiene respetuosa pero enérgicamente.)

ERNESTO. Si es él, aquí
nuestra lealtad nos escuda.
Si es... esa gente que duda,
entonces, Teodora, allí.
(Señalando la puerta de la derecha.)
Nada... nada... (Escuchando.)

TEODORA. ¡El corazón
me salta!

ERNESTO. No hay que dudar,
marchóse quien quiso entrar
o todo fue una ilusión.
(Viniendo al primer término.)
Por Dios, Teodora...

TEODORA. (Lo mismo.) Tenía
que hablar con usted, Ernesto,
y el tiempo pasa tan presto...

ERNESTO. ¡Vuela el tiempo!

105

TEODORA. Y bien, decía...
ERNESTO. Teodora... perdón le pido¡¡,
pero... acaso no es prudente...
si llegase gente... y gente
debe llegar...
TEODORA. He venido
precisamente por eso...
para evitarlo.
ERNESTO. ¿De modo...?
TEODORA. De modo que lo sé todo,
y que me horroriza el peso
de esa sangre que por mí
quieren ustedes verter,
la siento en mi frente arder
¡la siento agolparse aquí!
(Oprimiéndose el pecho.)
ERNESTO. ¡Por qué afrentada se esconde,
afrentada y encendida,
hasta que arranque la vida
yo por mi mano al Vizconde!
¿Lodo quiso? ¡Tendrá lodo
de sangre!
TEODORA. (Con espanto.) ¿Su muerte?
ERNESTO. Sí.
(Reprimiendo un movimiento de súplica de TEODORA.)
Usted dispone de mí.
conmigo lo puede todo,
todo, con una excepción:
¡la de lograr que yo sienta,
recordando aquella afrenta,
por Nebreda compasión!
TEODORA. (Con acento lloroso y suplicante.) ¿Y por mí?
ERNESTO. ¿Por usted?

TEODORA. Sí,
¡será el escándalo horrible!
ERNESTO. Es posible.
TEODORA. ¿Qué es posible?
¡Y lo dice usted así,
sin procurar evitarlo,
cuando yo misma intercedo!
ERNESTO. Evitarlo yo no puedo,
pero puedo castigarlo.
Esto pienso, y esto digo,
y esto corre de mi cuenta:
otros buscaron la afrenta,
pues yo buscaré el castigo.
TEODORA. (Acercándose a él, y en voz baja, como temiendo
oírse a sí misma.) ¿Y Julián?
ERNESTO. ¿Julián? ¿Y bien?
TEODORA. ¡Si lo sabe...!
ERNESTO. Lo sabrá.
TEODORA. ¿Y qué dirá?
ERNESTO. ¿Qué dirá?
TEODORA. ¿Qué en mi defensa... que quién...
pudo mostrar su valor...
sino mi esposo... que me ama?
ERNESTO. ¿En defensa de una dama?
Cualquiera que tenga honor.
Sin conocerla; sin ser
pariente, amigo, ni amante;
con escuchar es bastante
que insultan a una mujer.
¿Que por qué a ese duelo voy?
¿Que por qué la defendí?
Porque la calumnia oí
¡y porque yo soy quien soy!

107

¿Quién hay que defensas tase,
ni tal derecho repese?
¿No estaba yo? ¡Pues quien fuese
el primero que llegase!

TEODORA. (Que le ha oído atentamente y como dominada
por el acento enérgico de ERNESTO, se acerca a él y
le estrecha la mano con efusión.) **¡Eso es noble y
es honrado
y es digno de usted, Ernesto!**
(Se detiene, se aleja de ERNESTO, y dice tristemente lo que sigue.)
**Pero mi Julián con esto,
Ernesto, queda humillado.**
(Con profunda convicción.)

ERNESTO. ¿Él humillado?

TEODORA. Sí, a fe.

ERNESTO. ¿Por qué razón?

TEODORA. Sin razón.

ERNESTO. ¿Quién lo dirá?

TEODORA. La opinión
de todos.

ERNESTO. Pero, ¿por qué?

TEODORA. Cuando llegue hasta la gente
que un insulto he recibido,
y que mi esposo no ha sido
quien ha dado al insolente
su castigo... y además
(bajando la voz y la cabeza, y huyendo la mirada
de ERNESTO) **que usted su puesto ha tomado,
sobre el escándalo dado,
habrá otro escándalo más.**

ERNESTO. (Convencido, pero protestando.)
Si en lo que hayan de decir

hay que pensar para todo,
¡vive Dios que ya no hay modo
ni manera de vivir!

TEODORA. Pero es como digo yo.

ERNESTO. Es así, pero es horrible.

TEODORA. ¡Pues ceda usted!

ERNESTO. Imposible.

TEODORA. ¡Yo se lo suplico!

ERNESTO. No.
Y bien mirado, Teodora,
más vale que ante Nebreda,
suceda lo que suceda,
que lo que ha de ser se ignora,
acuda yo; porque al fin,
a ese Vizconde malvado,
lo que le falta de honrado,
le sobra de espadachín.

TEODORA. (Algo herida de la especie de protección, un tanto
humillante, que ERNESTO dispensa a DON JULIÁN.)
Corazón tiene también
mi esposo.

ERNESTO. ¡Suerte fatal!
O yo me explico muy mal,
o usted no me entiende bien.
Yo conozco su valor,
pero entre hombres de coraje,
cuando hay un sangriento ultraje
a la fama o al honor,
no se puede adivinar
lo que puede suceder,
ni quién llegará a caer,
ni quién logrará matar.
Y si ese hombre, en conclusión,

vence en el lance funesto,
entre don Julián y Ernesto
no es dudosa la elección.
(Con sinceridad, pero con tristeza.)

TEODORA. (Con verdadera angustia.)
¿Usted...? ¡Eso no...! ¡Tampoco...!

ERNESTO. ¿Por qué? Si es ésa mi suerte...
Nadie pierde con mi muerte,
y yo mismo pierdo poco.

TEODORA. (Casi sin poder contener el llanto.)
¡No diga usté eso por Dios...!

ERNESTO. Pues ¿qué dejo yo en el mundo?
¿Qué amistad, qué amor profundo?
¿Qué mujer seguirá en pos
de mi cadáver, llorando
con llanto de enamorada?

TEODORA. (Sin poder contener las lágrimas.)
Toda la noche pasada...
por usté estuve rezando...
y dice usted que ninguno...
¡Yo no quiero que usted muera!
(Con explosión.)

ERNESTO. ¡Ah...! ¡Se reza por cualquiera!
¡Solo se llora por uno! (Con pasión.)

TEODORA. ¡Ernesto...!
(Con extrañeza.)

ERNESTO. (Asustado de sus propias frases.) ¿Qué?

TEODORA. (Separándose de él.) Nada...

ERNESTO. (Con timidez, bajando la cabeza y huyendo también de TEODORA.) Sí...
si ya le dije hace rato
que yo no soy un insensato,
no haga usted caso de mí.

110

(Pausa; quedan silenciosamente pensativos, lejos uno de otro y sin osar mirarse.)

TEODORA. ¡Otra vez! (Señalando hacia el fondo.)

ERNESTO. (Siguiendo el movimiento de TEODORA.)
¡Gente ha venido!

TEODORA. (Acercándose al fondo y prestando oído.)
Y quieren entrar...

ERNESTO. (Lo mismo.) No hay duda.
¡Allí, Teodora! (Señalándole el cuarto.)

TEODORA. ¡Me escuda
mi honor!

ERNESTO. Si no es su marido.

TEODORA. ¡No es Julián!

ERNESTO. No. (Llevándola a la derecha.)

TEODORA. Yo esperaba...
(Deteniéndose junto a la puerta y suplicante.)
Renuncie usted a ese duelo.

ERNESTO. Si he llegado ¡vive el cielo!
a su rostro...

TEODORA. ¡Lo ignoraba!...
(Con desesperación, pero comprendiendo que todo arreglo es imposible.)
¡Pues huya usted!

ERNESTO. ¡Que huya yo!

TEODORA. ¡Por mí! ¡Por él! ¡Por Dios vivo!

ERNESTO. Odiarme... sí... ¡lo concibo!
¡Pero despreciarme! ¡No!
(Con desesperación.)

TEODORA. Una palabra no más.
¿Vienen por usted?

ERNESTO. No es hora.

TEODORA. ¿Lo jura usted?

111

ERNESTO. Sí, Teodora.
¿Me aborrece usted?
TEODORA. ¡Jamás!
PEPITO. (Desde fuera.) Nada... ¡verle necesito...!
ERNESTO. ¡Pronto!
TEODORA. Sí. (Entra por la derecha.)
PEPITO. ¿Quién se me opone?
ERNESTO. ¡Ah! La calumnia se impone
y hace verdad el delito.

Escena VIII

ERNESTO, PEPITO. Este por el fondo,
sin sombrero y profundamente agitado.

PEPITO.   ¡Vete al infierno! Entraré
           ¡Ernesto! ¡Ernesto!
ERNESTO.   ¿Qué pasa?
PEPITO.   Yo no sé cómo decirlo...
           y es necesario...
ERNESTO.   Pues habla.
PEPITO.   ¡La cabeza me da vueltas!
           ¡Jesús! ¡Jesús! ¡Quién pensara!
ERNESTO.   Pronto y claro, ¿qué sucede?
PEPITO.   ¿Qué sucede? ¡Una desgracia!
           Supo don Julián el duelo; (muy rápido)
           vino a buscarte, no estabas;
           se fue a ver a tus padrinos,
           y todos juntos a casa
           del Vizconde.
ERNESTO.   ¿De Nebreda? ¿Pero cómo?
PEPITO.   ¡Vaya en gracia!
           Como quiso don Julián,
           que era tromba que arrastraba
           voluntades, conveniencias...
           todo, todo...
ERNESTO.   ¡Sigue, acaba!
PEPITO.   (Separándose de ERNESTO y acercándose al fondo.)
           Ya suben...

113

ERNESTO. ¿Quiénes?
PEPITO. Pues ellos...
Le traen en brazos... (Asomándose.)
ERNESTO. ¡Me espanta
lo que dices...! ¡Sigue...! ¡Pronto...!

(Cogiéndole con violencia y trayéndole al primer término.)

PEPITO. Le obligó a batirse; nada,
no hubo medio; y el Vizconde
dijo, "Pues los dos", y a casa;
a la tuya... don Julián
sube; tu fámulo atranca
la puerta y jura que tú
con una señora estabas
y que no entra nadie, nadie.
ERNESTO. ¿Y entonces?
PEPITO. Don Julián baja
diciendo: "Mejor, a mí
por entero la jornada."
Y él, Nebreda, los padrinos,
mi padre, y yo que llegaba,
arriba todos... ya sabes...
ERNESTO. ¿Y se han batido?
PEPITO. ¡Con rabia!
¡Con furor! Como dos hombres
que van buscando con ansia
un corazón que aborrecen
tras la punta de una espada.
ERNESTO. ¿Y don Julián...? ¡No...! ¡Mentira!
PEPITO. Ya están aquí.
ERNESTO. ¡Calla! ¡Calla!
¡Di quién es...! ¡Y dilo bajo!

114

PEPITO.   Por acá.

(Se presentan en el fondo DON JULIÁN, DON SEVERO y RUEDA. Traen a DON JULIÁN mal herido entre los otros dos. El orden de izquierda a derecha es: SEVERO, JULIÁN, RUEDA.)

ERNESTO.   ¡Jesús me valga!

ESCENA IX

Ernesto, Don Julián, Don Severo, Pepito, Rueda.

ERNESTO. ¡Don Julián! ¡Mi bienhechor!
¡Mi amigo! ¡Mi padre!
(Precipitándose a su encuentro llorando.)

DON JULIÁN. (Con voz débil.) Ernesto...

ERNESTO. ¡Maldito yo!

DON SEVERO. Vamos... presto.

ERNESTO. ¡Padre!

DON SEVERO. ¡Le vence el dolor!

ERNESTO. ¡Por mí!

DON JULIÁN. No es cierto...

ERNESTO. ¡Por mí!... ¡Perdón!

(Cogiéndole la mano a DON JULIÁN por el lado
de la derecha, y arrodillándose o inclinándose.)

DON JULIÁN. No lo has menester.
Cumpliste con tu deber,
yo con mi deber cumplí.

DON SEVERO. ¡Un lecho!

(Suelta a DON JULIÁN, le sustituye PEPITO.)

PEPITO. (Señalando la puerta a la derecha.) ¡Vamos a entrar!

ERNESTO. ¡Nebreda! (Con acento terrible.)

DON SEVERO. No más locura,
¿o es que quieres por ventura
acabarlo de matar?

ERNESTO. ¡Locura! ¡Veremos! ¡Oh!
(Frenético.)
¡Vengan dos... es mi derecho!

(Precipitándose hacia el fondo.)

DON SEVERO. (Dirigiéndose a la derecha.)
A tu alcoba y en tu lecho...

(ERNESTO, que ya estaba en el fondo, se detiene espantado.)

ERNESTO. ¿Adónde?
DON SEVERO. Adentro.
PEPITO. ¡Sí!
ERNESTO. ¡No!

(Se precipita y cubre la puerta con su cuerpo. El grupo
que conduce a DON JULIÁN, casi desfallecido, se detiene
mostrando asombro.)

DON SEVERO. ¿Tú le niegas?
PEPITO. ¡Estás loco!
DON SEVERO. ¡Aparta...! ¿No ves? ¡Se muere!
DON JULIÁN. ¡Pero qué dice! ¡No quiere!

(Incorporándose y mirando con mezcla
de asombro y espanto a ERNESTO.)

RUEDA. ¡No comprendo!

117

PEPITO. ¡Yo tampoco!

ERNESTO. ¡Está muriendo...! ¡Y me implora...! ¡Y duda...! ¡Padre...!

DON SEVERO. ¡Ha de ser!

(Por encima del hombro de ERNESTO empuja la puerta, TEODORA se presenta.)

ERNESTO. ¡Jesús!

DON SEVERO. ¡Ella!

RUEDA. ¡Una mujer!

TEODORA. (Precipitándose sobre él y abrazándole.) ¡Mi Julián!

DON JULIÁN. (Separándola para mirarla, y por un violento esfuerzo poniéndose en pie y desprendiéndose de todos.) ¿Quién es? ¡Teodora! (Cae sin sentido en tierra.)

ACTO III

La misma decoración del primer acto, en vez del sofá una butaca. Es de noche, un quinqué encendido sobre la mesa.

ESCENA I

PEPITO escuchando en la puerta de la derecha,
segundo término; después viene al centro.

PEPITO.   Al fin la crisis pasó,
o al menos no se oye nada.
¡Pobre don Julián! Muy grave,
muy grave. De la balanza
está en el fiel su existencia;
a un lado la muerte aguarda,
y al otro otra muerte,
¡la del honor, la del alma!
Dos abismos más profundos
que un amor sin esperanza.
¡Diablo! ¡Que me voy volviendo,
con las tragedias de la casa,
más romántico que el otro
con sus coplas y sus dramas!
¡Qué! ¡Si tengo la cabeza
hecha toda un panorama
de escándalos, desafíos,
muertes, traiciones e infamias!
¡Jesús, qué día! ¡Y qué noche!
¡Y lo peor es lo que falta!
(Pequeña pausa.)
Vamos, que también ha sido
imprudencia temeraria,
en tal estado sacarle...

121

y traerle... ¡Pero vaya...!
¿Quién a mi tío se opone,
cuando entre las dos arcadas
poderosas de sus cejas,
una idea se le graba?
Y hay que darle razón:
ninguna persona honrada
teniendo un soplo de vida,
en tal caso y en tal casa,
se hubiera quedado. Y él
es hombre de temple y alma.
¿Quién viene?
(Acercándose al fondo.)
Mi madre. Sí.

ESCENA II

PEPITO, MERCEDES por el fondo.

MERCEDES. ¿Y Severo?

PEPITO. No se aparta
ni un momento de su hermano.
Mucho pensé que le amaba,
pero a tanto no creí
que su cariño llegara.
¡Si sucede lo que temo!

MERCEDES. ¿Y tu tío?

PEPITO. Sufre y calla.
Algunas veces, "¡Teodora!"
dice con voz ronca y áspera;
"¡Ernesto!" dice otras veces,
y entre las manos la sábana
arruga. Después se queda
inmóvil como una estatua,
en el espacio vacío
fija tenaz la mirada,
y helado sudor de muerte
su frente copioso baña.
De pronto la calentura
vigor le presta: en la cama
se incorpora, escucha atento,
dice que ella y él le aguardan,
se arroja, quiere venir,
y solo a fuerza de lágrimas

y de súplicas, mi padre
consigue calmar sus ansias.
¿Calmar? No. ¡Que por sus venas
lleva su sangre abrasada,
las iras del corazón,
del pensamiento las llamas!
Vamos, madre, que da angustia
ver la contracción amarga
de su boca; ver los dedos
crispados como dos garras;
y aquel cabello en desorden;
y aquellas pupilas, anchas,
que parece que codician,
y beben desesperadas,
todas las sombras que flotan
alrededor de la estancia.

MERCEDES.	¿Y tu padre al verle?

PEPITO.	¡Gime,
y jura tomar venganza!
Y también dice "¡Teodora!"
y también "¡Ernesto!" clama.
¡Quiera Dios no los encuentre,
porque si los encontrara,
quién sus enojos disipa,
quién sus furores ataja!

MERCEDES.	Tu padre es muy bueno.

PEPITO.	Mucho.
Pero con un genio, ¡vaya!

MERCEDES.	Eso sí, muy pocas veces,
muy pocas veces se enfada,
pero como llegue el caso...

PEPITO.	¡Es un tigre de Bengala!
salvo el respeto debido.

MERCEDES. Siempre con razón sobrada.
PEPITO. No sé si siempre la tiene,
pero esta vez no le falta.
¿Y Teodora?
MERCEDES. Arriba queda.
Quiso bajar... ¡y lloraba!
¡Una Magdalena!
PEPITO. ¡Ya!
¿Arrepentida o liviana?
MERCEDES. No digas eso. ¡Infeliz!
¡Si es una niña!
PEPITO. Que mata,
inocente y candorosa,
dulce, purísima y mansa,
a don Julián. De manera
que si vale tu palabra,
y es una niña, y tal hace
casi al borde de la infancia,
deja a los años correr
y Dios nos tenga en su gracia.
MERCEDES. Ella casi no es culpable.
Tu amiguito, el de los dramas,
el poeta, el soñador...
¡el infame! fue la causa
de todo.
PEPITO. Si no lo niego.
MERCEDES. ¿Y por dónde anda?
PEPITO. ¡Pues anda!
Ernesto a estas horas corre
por las calles y las plazas,
huyendo de su conciencia
y sin poder evitarla.
MERCEDES. ¿Pero la tiene?

PEPITO. Es posible.
MERCEDES. ¡Qué tristezas!
PEPITO. ¡Qué desgracias!
MERCEDES. ¡Qué desengaño!
PEPITO. ¡Cruel!
MERCEDES. ¡Qué traición!
PEPITO. ¡De mano airada!
MERCEDES. ¡Qué escándalo!
PEPITO. ¡Sin igual!
MERCEDES. ¡Pobre Julián!
PEPITO. ¡Suerte aciaga!

ESCENA III

Mercedes, Pepito, Criado.

CRIADO. Don Ernesto.
MERCEDES. ¡Y él se atreve!
PEPITO. ¡Es osadía que pasma!
CRIADO. Yo pensé...
PEPITO. Pensaste mal.
CRIADO. Viene solo de pasada.
Al cochero que traía,
le dijo: "Ya salgo, aguarda."
De modo...
PEPITO. (Consultando a su madre.) ¿Qué hacer?
MERCEDES. Que pase. (Sale el CRIADO.)
PEPITO. Yo le despido.
MERCEDES. Con maña.

ESCENA IV

MERCEDES, PEPITO, ERNESTO, por el fondo. MERCEDES sentada en la butaca; al otro lado, en pie, PEPITO; en segundo término ERNESTO, sin que nadie se vuelva a saludarle.

ERNESTO.   (Aparte.) ¡Desdén, silencio hostil, asombro mudo!
           ¡Prodigio de maldad y de insolencia
           seré desde hoy, sin culpa que me manche...
           para todos...! ¡Que todos me desprecian!
PEPITO.   Escucha, Ernesto.
           (Volviéndose hacia él y con acento duro.)
ERNESTO.   ¿Qué?
PEPITO.   (Lo mismo.) Quiero decirte...
ERNESTO.   ¿Que salga acaso?
PEPITO.   (Cambiando de tono.) ¡Yo...! ¡Jesús, qué idea...!
           Era... no más... que preguntar... si es cierto...
           (Como buscando algo que decir.)
           que después... Al Vizconde...
ERNESTO.   (Con voz sombría y bajando la cabeza.) Sí.
PEPITO.   ¿Tu diestra?
ERNESTO.   Salí loco... bajaban... los detuve...
           subimos otra vez... cierro la puerta...
           dos hombres... dos testigos... dos espadas...
           Después... no sé... dos hierros que se estrechan...
           ¡un grito!... ¡un golpe!... sangre que brota...
           un asesino en pie... y un hombre en tierra.
PEPITO.   ¡Qué diablo! Tiras bien. ¿Oye usted, madre?
MERCEDES. ¡Más sangre aún!

128

PEPITO. Lo mereció Nebreda.

ERNESTO. (Acercándose.)
¡Mercedes, por piedad...! ¡Una palabra!
¿don Julián...? ¿don Julián...? ¡Si usted supiera
cuál es mi angustia... mi dolor...! ¿Qué dicen?

MERCEDES. Que la herida mortal dentro la lleva
y más se encona cuanto más al lecho
de muerte y de dolor usted se acerca.
Salga usted de esta casa.

ERNESTO. Quiero verle.

MERCEDES. Salga usted pronto.

ERNESTO. No.

PEPITO. ¡Tal insolencia!

ERNESTO. Es muy digna de mí. (A PEPITO.)
(A MERCEDES con tono respetuoso.) Perdón, señora,
soy como quieren los demás que sea.

MERCEDES. ¡Por Dios, Ernesto...!

ERNESTO. Mire usted, Mercedes,
cuando a un hombre cual yo se le atropella,
y sin razón se le declara infame,
y al crimen se le obliga y se le lleva,
la lucha es peligrosa... para todos;
pero no para mí, que en lucha fiera
con invisibles seres, he perdido
honra, cariño, amor, y no me resta
ya por perder más que jirones tristes
de insípida y monótona existencia.
Solo vine a saber si hay esperanza...
¡No más! ¡No más! Pues bien, ¿por qué me niegan
este consuelo? (Suplicando a MERCEDES.)
¡Una palabra!

MERCEDES. Vamos...
dicen... que está mejor.

129

ERNESTO. ¿Pero de veras? ¿No me engañan...?
¡Usted es compasiva...! ¡Usted es buena...!
¿Será verdad...? ¿Será verdad, Dios mío...?
¡Que se salve, Señor...! ¡Que no se muera!
¡Que torne a ser feliz...! ¡Que me perdone!
¡Que me abrace otra vez...! ¡Que yo le vea!

(Cae en el sillón próximo a la mesa, y oculta
el rostro entre las manos sollozando. Pausa.)

MERCEDES. Si oye tu padre... si tu padre viene...
(Se levanta MERCEDES, y se acercan a ERNESTO.)
¡Juicio...! ¡Valor...! (A ERNESTO.)
PEPITO. ¡Que un hombre llanto vierta! (Aparte.)
Estos seres nerviosos son terribles,
¡lloran y matan por igual manera!
ERNESTO. Si llanto vierto, si el sollozo acude
a mi garganta en convulsión histérica,
si débil soy, como mujer o niño,
no piensen que es por mí. ¡Por él! ¡Por ella!
Por su dicha perdida; por su nombre,
manchado para siempre; por la afrenta
que a cambio de su amor y beneficios
les dio... ¡no mi maldad! ¡mi suerte negra!
¡Por eso lloro! ¡Y si el pasado triste
con lágrimas ¡ay Dios! borrar pudiera,
en lágrimas mi sangre trocaría
sin dejar una gota por mis venas!
MERCEDES. ¡Silencio por piedad!
PEPITO. Luego más tarde
hablaremos de llantos y tristezas.
ERNESTO. Si todos hablan hoy, ¿por qué nosotros
no hemos de hablar también? La villa entera

es hervidero y torbellino móvil
que llama, absorbe, atrae, devora, anega
tres honras, y tres nombres, y tres seres,
y entre espumas de risa se los lleva,
por canalizos de miseria humana,
al abismo social de la vergüenza,
y en él hunde por siempre de los tristes
¡el porvenir, la fama y la conciencia!

MERCEDES. Más bajo Ernesto.

ERNESTO. No, si ya son voces,
si murmullos no son, ¡si el aire atruenan!
Ya nadie ignora el trágico suceso,
mas cada cual lo dice a su manera.
Todo se sabe siempre ¡gran prodigio!
mas nunca la verdad ¡suerte funesta!

(ERNESTO en pie; a su lado, y mostrando interés
por saber lo que corre por la villa, MERCEDES y PEPITO.)

Los unos, que en mi casa sorprendida
Teodora por su esposo, yo con ciega
furia le arremetí, y al noble pecho
infame hierro le asestó mi diestra.
Los otros, mis amigos, por lo visto,
de asesino vulgar al fin me elevan
a más noble región; yo le di muerte,
pero en lucha leal... ¡un duelo en regla!
Hay, sin embargo, quien la historia sabe
con más exactitud, y *ese* ya cuenta,
que tomó don Julián mi vez y puesto
en el pactado lance con Nebreda.
¡Llegué tarde! por cálculo o pavura,
o porque en brazos... ¡No! Mis labios quema

131

la frase impura, y mi cerebro loco
es todo llamas que volcán semejan.
Buscad lo que más mancha: lo más bajo,
lo más infame, lo que más subleva.
Todos del corazón, cienos del alma,
escoria vil de míseras conciencias.
¡Echadlo al viento, que las calles cruza,
con ello salpicad labios y lenguas,
y la historia tendréis de este suceso,
y encontraréis en ella lo que resta
de dos hombres de honor y de una dama
cuando sus honras por la villa ruedan!

MERCEDES. Es triste, no lo niego, pero acaso
no todo es culpa en la opinión ajena.

PEPITO. Fue Teodora a tu casa... en ella estaba...

ERNESTO. Para evitar el duelo con Nebreda.

PEPITO. ¿Pues por qué se ocultó?

ERNESTO. Porque temimos
que fuese mal juzgada su presencia.

PEPITO. La explicación es fácil y sencilla,
lo difícil, Ernesto, es que la crean,
porque hay otra más fácil y más llana...

ERNESTO. ¡Y que deshonra más! ¡Y esa es la buena!

PEPITO. Pues concede que al menos en Teodora
si malicia no fue... fue ligereza.

ERNESTO. ¡El delito es prudente y cauteloso!
En cambio, ¡qué imprudente la inocencia!

PEPITO. Pues mira, solo hay ángeles y santos
como apliques a todos esa regla.

ERNESTO. Pues bien, tienes razón: tales calumnias
¿qué importan, ni qué valen, ni qué pesan?
¡Lo horrible es que se mancha el pensamiento
al ruin contacto de la ruin idea!

¡Que a fuerza de pensar en el delito
llega a ser familiar a la conciencia!
Que se ve repugnante y espantoso...
pero se ve... de noche en la tiniebla!
¡Esto sí! (Aparte.)
¿Pero qué...? ¿Por qué me escuchan
con curiosa mirada y faz suspensa?
(En voz alta.) Yo soy quien soy,
mi nombre es nombre honrado,
si solo por mentir maté a Nebreda,
¿por trocar en verdades sus calumnias
yo, conmigo culpable, qué no hiciera?

PEPITO. ¡Y negaba...! Si es claro. (Aparte a MERCEDES.)

MERCEDES. (Aparte a PEPITO.) Hay extravío.

PEPITO. Lo que hay en puridad es que confiesa.
(Aparte a MERCEDES.)

MERCEDES. Retírese usté, Ernesto. (En voz alta.)

ERNESTO. No es posible.
Si yo esta noche lejos estuviera
de aquel lecho... señora, perdería
¡el juicio...! ¡La razón...!

MERCEDES. ¿Pero si llega
Severo, y si le ve?

ERNESTO. ¿Y qué me importa?
Él es hombre leal... ¡Mejor! ¡Que venga!
Huye quien teme y teme quien engaña,
y no es fácil que yo ni huya ni tema.

PEPITO. Pues se acercan. (Después de escuchar.)

MERCEDES. ¡Es él!

PEPITO. (Yendo al fondo.) No es él. Teodora.

ERNESTO. ¡Es Teodora...! ¡Teodora...! ¡Quiero verla!

MERCEDES. ¡Ernesto! (Con severidad.)

PEPITO. ¡Ernesto!

133

ERNESTO. Sí... para pedirle
que me perdone.
MERCEDES. ¿Usted no considera...?
ERNESTO. Lo considero todo y lo comprendo.
¿Juntos los dos? ¡Ah! no. Basta, no teman.
¡Dar por ella mi sangre; dar mi vida,
mi porvenir, mi honor, y mi conciencia...!
Pero ¿vernos...? Jamás, ya no es posible.
¡Vapor de sangre entre los dos se eleva!

(Sale por la izquierda.)

Escena V

Mercedes, Pepito.

Mercedes. Déjame a solas con ella.
Vete con tu padre adentro.
Quiero llegar hasta el centro
de su corazón. Y mella
le han de hacer, lo sé de sobra,
mis palabras.
Pepito. Pues las dos
os quedáis.
Mercedes. Adiós.
Pepito. Adiós. (Sale por la derecha, segundo término.)
Mercedes. Pongamos mi plan por obra.

ESCENA VI

TEODORA, MERCEDES. TEODORA entra tímidamente, se detiene junto a la puerta de DON JULIÁN (segundo término, derecha) y escucha con ansia ahogando con el pañuelo sus sollozos.

MERCEDES. Teodora...

TEODORA. ¿Eres tú...? (Viniendo a su encuentro.)

MERCEDES. Valor.
Con llorar, ¿qué se consigue?

TEODORA. ¿Cómo sigue? ¿Cómo sigue?
¡La verdad!

MERCEDES. Mucho mejor.

TEODORA. ¿Se salvará?

MERCEDES. Ya lo creo.

TEODORA. ¡Mi vida por él, Dios mío!

MERCEDES. (La trae cariñosamente al primer término.)
Y después... después confío
en tu juicio... que harto veo
por tu llanto y tu ansiedad
tu arrepentimiento.

TEODORA. Sí, (MERCEDES asiente y parece satisfecha)
hice muy mal ¡ay de mí!
en ir a verle, es verdad.
(Desagrado de MERCEDES al ver que no es la clase
de arrepentimiento que creía.)
Pero anoche me dijiste
lo del insulto y el duelo...
Yo te agradezco ese celo,

136

aunque el daño que me hiciste,
no lo puedes sospechar,
ni explicártelo sabría;
¡ay qué noche, madre mía!
(Cruzando las manos y mirando al cielo.)
¡Qué gemir! ¡Qué delirar!
¡De mi Julián los enojos...!
¡El escándalo...! ¡La afrenta...!
¡La sangre...! ¡La lid violenta...!
¡Todo pasó ante mis ojos!
Y también el pobre Ernesto,
muriendo tal vez por mí...
¿Por qué me miras así?
¿Pero qué mal hay en esto?
¿Es que no estás convencida?
¿Piensas como los demás?

MERCEDES. (Con tono seco.)
Pienso que estaba de más
que temieses por la vida
de ese joven.

TEODORA. ¡No, Nebreda
es famoso espadachín!
Ya ves... mi Julián...

MERCEDES. Al fin
tu Julián vengado queda,
y el espadachín tendido
de un golpe en el corazón;
de suerte que sin razón
(con intención de dureza)
has llorado y temido.

TEODORA. ¿Y fue Ernesto? (Con interés.)

MERCEDES. Ernesto, sí.

TEODORA. ¡Al Vizconde!

137

MERCEDES. Frente a frente.
TEODORA. (Sin poder dominarse.)
¡Ah! ¡Qué noble y qué valiente!
MERCEDES. ¡Teodora!
TEODORA. ¿Qué quieres? Di.
MERCEDES. (Con severidad.) Te adivino el pensamiento.
TEODORA. ¿Mi pensamiento?
MERCEDES. Sí.
TEODORA. ¿Cuál?
MERCEDES. ¡Bien lo sabes!
TEODORA. Hice mal
al demostrar mi contento
por ver a Julián vengado,
mas del alma impulso ha sido
que refrenar no he podido.
MERCEDES. No es eso lo que has pensado.
TEODORA. ¿Pero tú lo has de saber
mejor que yo misma?
MERCEDES. (Con profunda intención.) Mira,
cuando mucho el alma admira
va camino del querer.
TEODORA. ¡Que yo admiro!
MERCEDES. La bravura
de ese mozo.
TEODORA. ¡Su nobleza!
MERCEDES. Da lo mismo, así se empieza.
TEODORA. ¡Eso es delirio!
MERCEDES. ¡Es locura,
pero en ti!
TEODORA. ¡No cede! ¡No!
¡Siempre esa idea maldita!
¡Lástima inmensa, infinita!
Eso es lo que siento yo.

138

MERCEDES. ¿Por quién?
TEODORA. ¿Por quién ha de ser?
Por Julián.
MERCEDES. ¿Nunca has oído
que van lástima y olvido
a la par en la mujer?
TEODORA. ¡Calla por Dios! ¡Por piedad!
MERCEDES. Quiero alumbrar tu conciencia
con la voz de mi experiencia
y la luz de la verdad. (Pausa.)
TEODORA. Te escucho, y al escucharte,
no mi madre, no mi hermana,
no mi amiga me parece;
tal me suenan tus palabras,
que Satanás por tus labios
aconseja, inspira y habla.
¿Por qué quieres convencerme
que mengua y mengua en el alma
el cariño de mi esposo,
y que en ella impuro se alza
otro cariño rival
con fuego que quema y mancha?
¡Si yo quiero como quise!
Si yo diera, hasta agotarla,
toda la sangre que corre
por mis venas y me abrasa,
por solo un punto de vida
(señalando hacia el cuarto de DON JULIÁN)
de aquél de quien me separan.
Si yo entraría ahora mismo,
si tu esposo me dejara,
y en mis brazos a Julián
inundándole de lágrimas,

139

con cariño tan entero
y tal pasión estrechara,
¡que se fundieran sus dudas
al calor de nuestras almas!
Y porque a Julián adore,
¿he de aborrecer ingrata
al que noble, generoso
por mí su vida arriesgaba?
¿Y no aborrecerle es ya...
amarle? ¡Jesús me valga!
Tales cosas piensa el mundo,
oigo historias tan extrañas,
tan tristes sucesos miro,
tales calumnias me amagan,
que a veces dudo de mí,
y me pregunto espantada:
¿Seré lo que dicen todos?
¿Llevaré pasión bastarda
en el fondo de mi ser,
quemándome las entrañas,
y sin saberlo yo misma,
en hora triste y menguada,
por potencias y sentidos
brotará la infame llama?

MERCEDES. ¿Luego me dices verdad?
TEODORA. ¡Si digo verdad!
MERCEDES. ¿No le amas?
TEODORA. ¡Mira, Mercedes, que yo
no sé cómo te persuada!
¡Tal pregunta en otro tiempo
la sangre me sublevaba,
y ahora, ya lo ves, discuto
si soy o no soy honrada!

¿Es esto serlo de veras?
¿Es serlo con toda el alma?
¡No! ¡Sufrir la humillación
es ser digna de la mancha!

(Se oculta el rostro entre las manos y
cae en la butaca de la derecha.)

MERCEDES. No llores; vamos, te creo.
No llores, Teodora... basta.
No más. Ya solo te digo,
y concluyo, una palabra.
Ernesto no es lo que crees,
no merece tu confianza.
TEODORA. Es bueno, Mercedes.
MERCEDES. No.
TEODORA. Quiere a mi Julián.
MERCEDES. Le engaña.
TEODORA. ¡Otra vez! ¡Jesús mil veces!
MERCEDES. No digo que tú escucharas
su pasión, tan solo digo...
digo tan solo, que te ama.
TEODORA. ¿Él a mí?
(Con asombro y levantándose.)
MERCEDES. ¡Lo saben todos!
Hace poco en esta sala,
delante de mí, de mi hijo...
¡ya ves tú...!
TEODORA. (Con ansia.)
Y bien... acaba.
¿Qué?
MERCEDES. ¡Que confesó de plano!
¡Y con frase arrebatada

141

juró que por ti daría
vida, honor, conciencia y alma!
¡Y al llegar tú, quiso verte,
y solo a fuerza de instancias
conseguí que se marchase
adentro! Y estoy en ascuas
por si le encuentra Severo
y sus enojos estallan.
Y ahora ¿qué dices?

TEODORA. (A pesar suyo ha seguido esta relación con una
mezcla extraña de interés, asombro y terror, algo
indefinible.) ¡Dios mío,
será verdad tanta infamia!
¡Y yo que por él sentía...!
¡Y yo que le profesaba
cariño tan verdadero!

MERCEDES. ¿Otra vez lloras?

TEODORA. ¡El alma
no ha de llorar desengaños
de esta vida desgraciada!
Un ser tan noble, tan puro...
ver cómo se hunde y se mancha...
Y dices que está allí dentro...
¡Él! ¡Ernesto! ¡Virgen santa!
Mira, Mercedes... Mercedes...
¡que se aleje de esta casa!

MERCEDES. Eso quiero yo también
y tu energía me agrada.
(Con verdadero gozo.)
¡Perdóname! ¡Que ahora creo!
(Abrazándola con efusión.)

TEODORA. ¿Y antes no?

(La actriz dará a esta frase toda la intención
que el autor ha querido que tenga.)

MERCEDES. Silencio... calla...
él se acerca.
TEODORA. (Con ímpetu.) ¡No he de verle!
Dile tú... ¡Julián me aguarda!
(Dirigiéndose a la derecha.)
MERCEDES. (Deteniéndola.)
Imposible... ya lo sabes...
y él mis órdenes no acata,
y ahora que conozco a fondo
tus sentimientos, me agrada
que encuentre el desprecio en ti
que antes halló en mis palabras.
TEODORA. ¡Déjame!
ERNESTO. ¡Teodora!...
(Deteniéndose al entrar.)
MERCEDES. (Aparte a TEODORA.) Es tarde.
Cumple tu deber y basta.
(En voz alta a ERNESTO.)
El mandato que hace poco
de mis labios escuchaba,
va a repetirlo Teodora
como dueña de esta casa.
TEODORA. No me dejes.
(En voz baja a MERCEDES.)
MERCEDES. ¿Temes algo?
(Lo mismo a TEODORA.)
TEODORA. ¿Yo temer?... No temo nada.
(Le hace señal de que salga. Sale MERCEDES por la
derecha, segundo término.)

143

ESCENA VII

Teodora, Ernesto.

ERNESTO. Que saliese... fue el mandato.
(Pausa. Los dos guardan silencio y no se atreven a mirarse.) ¿Y usted... lo repite ahora?
(TEODORA hace una señal afirmativa, pero sin fijar la vista en él.) Pues no tema usted, Teodora; yo lo cumplo y yo lo acato.
(Triste y respetuoso.)
¡Los demás no hallarán modo de obediencia, aunque les pese!
(Con dureza.)
De usted... aunque me ofendiese... de usted... yo lo sufro todo.
(Con sumisión.)

TEODORA. ¡Ofenderle, Ernesto! No. ¿Cree usted que yo...?
(Sin mirarle, contrariada y temerosa.)

ERNESTO. No lo creo. (Nueva pausa.)

TEODORA. Adiós... Su dicha deseo.
(Sin volverse ni mirarle.)

ERNESTO. Adiós, Teodora.

(Se detiene, un momento, pero TEODORA no se vuelve, ni fija en él los ojos, ni le tiende la mano. Al fin se aleja. Después de llegar al fondo vuelve y se acerca a ella. TEODORA le siente venir y se estremece, pero no dirige a él la vista.)

Si yo
todo el mal que a mi pesar,
por mi maldecida suerte,
le he causado, con mi muerte
ahora pudiese borrar,
bien pronto no quedaría,
lo juro como hombre honrado,
ni una sombra del pasado,
ni un suspiro de agonía,
ni esa triste palidez,
(TEODORA levanta la cabeza y le mira con profundo
terror) ni esa mirada que espanta,
ni un sollozo en su garganta,
(TEODORA ahoga, en efecto, un sollozo)
ni una lágrima en su tez.

TEODORA.   (Aparte alejándose de ERNESTO.)
¡Mercedes dijo verdad!
y yo ciega, inadvertida...

ERNESTO.   Un adiós de despedida
uno solo, ¡por piedad!

TEODORA.   Adiós... sí... yo le perdono
el mal que nos hizo.

ERNESTO.   ¡Que hice!
¿Yo Teodora?

TEODORA.   Usted lo dice.

ERNESTO.   ¡Esa mirada...! ¡Ese tono...!

TEODORA.   ¡No más, Ernesto, por Dios!

ERNESTO.   ¿Qué hice yo que mereciera?

TEODORA.   Como si yo no existiera,
todo acabó entre los dos.

ERNESTO.   ¡Ese acento! ¡Ese desdén!

TEODORA.   (Con dureza y extendiendo el brazo hacia la puerta.)
¡Salga usted!

145

ERNESTO. ¡Que salga... así!
TEODORA. ¡Mi esposo se muere allí...
y aquí me muero también!

(Vacila y tiene que apoyarse en el respaldo
de la butaca para no caer.)

ERNESTO. ¡Teodora! (Precipitándose para sostenerla.)
TEODORA. ¡Tocarme, no! (Rechazándole con energía.)
¡Sola! (Pausa. La actitud y las miradas de los acto-
res, las que su talento les inspire.)
Ya el pecho se ensancha.

(Quiere dar unos pasos, de nuevo le faltan las fuerzas y de nuevo
quiere sostenerla ERNESTO. Ella le rechaza y se aleja de él.)

ERNESTO. ¿Por qué no?
TEODORA. (Con dureza.) ¡Por que usted mancha!
ERNESTO. ¿Que yo mancho?
TEODORA. Cierto.
ERNESTO. ¡Yo! (Pausa.)
¿Pero qué dice, Dios mío?
¡Ella también! ¡Imposible!
¡Si la muerte es preferible!
¡No es verdad! ¡Yo desvarío!
¡Diga usted que no, Teodora!
¡Una frase por el cielo
de perdón, o de consuelo,
o de lástima, señora!
¡Yo me resigno a partir,
y a no verla a usted ya nunca,
aunque esto desgarra y trunca,
y mata mi porvenir!

Pero es, si a mi soledad
me siguen, con su perdón,
su afecto, su estimación...
¡por lo menos su piedad!
¡Es creyendo, que usted cree
que soy leal, que soy honrado;
que ni mancho, ni he manchado;
ni afrento, ni afrentaré!
¡Me importa poco del mundo,
desdeño sus maldiciones,
y me inspiran sus pasiones
el desprecio más profundo!
¡Hiera terco o hiera cruel,
murmure de lo que fui,
nunca pensará de mí,
todo lo que pienso de él!
¡Pero usted! ¡El ser más puro
que forjó la fantasía!
¡Usted! ¡Por quien yo daría,
una y mil veces, lo juro,
y con ansia, con anhelo,
en esta insensata guerra,
no ya mi vida en la tierra,
sino mi puesto en el cielo!
¡Usted sospechar que yo
de traiciones soy capaz,
que no está el alma en mi faz!
Eso, Teodora... ¡eso, no!

(Con profunda emoción, con angustia
profundísima, con acento desesperado.)

TEODORA.   (Con creciente ansiedad.)

147

No me ha comprendido usted.
Separémonos, Ernesto.

ERNESTO. ¡Así no es posible!

TEODORA. ¡Presto!
¡Se lo pido por merced!
Julián... sufre...
(Señalando hacia su cuarto.)

ERNESTO. Ya lo sé.

TEODORA. Pues no lo olvidemos.

ERNESTO. No.
¡Pero también sufro yo!

TEODORA. ¡Usted, Ernesto! ¿Por qué?

ERNESTO. ¡Por su desprecio!

TEODORA. No hay tal.

ERNESTO. Usted lo dijo.

TEODORA. Mentí.

ERNESTO. ¡No! Fue por algo, y así
no sufrimos por igual.
¡En este luchar eterno,
en esta implacable guerra,
él sufre como en la tierra
y yo como en el infierno!

TEODORA. ¡Por Dios! ¡Se abrasa mi frente!

ERNESTO. ¡Se oprime mi corazón!

TEODORA. ¡Basta, Ernesto, compasión!

ERNESTO. ¡Eso pido solamente!

TEODORA. ¿Piedad?

ERNESTO. ¡Pues eso, piedad!
De mí... ¿qué teme? ¿O qué piensa?
(Acercándose a ella.)

TEODORA. Perdone usted si hubo ofensa...

ERNESTO. Ofensa, no. ¡La verdad!
¡La verdad es lo que quiero!

¡Y la pido de rodillas,
con el llanto en las mejillas!

(Se inclina ante TEODORA y le coge una mano. En este momento, en la puerta que corresponde al cuarto de DON JULIÁN, aparece DON SEVERO y en ella se detiene.)

DON SEVERO. (Aparte.) ¡Miserables!
TEODORA.   ¡Don Severo!

ESCENA VIII

TEODORA, ERNESTO, DON SEVERO. ERNESTO se separa hacia la izquierda. DON SEVERO viene a colocarse entre él y TEODORA.

DON SEVERO. (A ERNESTO con ira reconcentrada, y en voz baja
para que no les oiga DON JULIÁN.)
Por no encontrar ni frase ni palabra,
que mi cólera exprese y mi desprecio,
habré de contentarme con decirle
¡es usted un miserable! Salga presto.

ERNESTO. (Lo mismo.) Por respeto a Teodora y a esta casa,
porque sufre quien sufre en aquel lecho,
habré de contentarme, señor mío,
con poner la respuesta... en el silencio.

DON SEVERO. (Creyendo que sale y con cierta ironía.)
Callar y obedecer es lo prudente.

ERNESTO. No me ha entendido usted, si no obedezco.

DON SEVERO. ¿Se queda usted?

ERNESTO. En tanto que Teodora
no reitere el mandato, aquí me quedo.
Iba a salir ha poco para siempre,
y Dios o Satanás me detuvieron.
Vino usted, me arrojó, y a sus injurias,
cual si fuesen conjuros del infierno,
raíces sentí brotar, que de mis plantas
se agarraban firmísimas al suelo.

DON SEVERO. Voy a probar, llamando a los criados.
si a palos las arrancan.

ERNESTO.   Pruebe.

(ERNESTO da un paso hacia DON SEVERO con aire amenazador.
  TEODORA se precipita entre los dos y le contiene.)

TEODORA.   ¡Ernesto!
          (Volviéndose después hacia su cuñado.)
          Olvida usted sin duda que es mi casa,
          mientras viva mi esposo, que es su dueño.
          Para mandar aquí, los dos tan solo
          autoridad tenemos y derecho.
          (A ERNESTO con dulzura.)
          No por él... por mi causa, por mi angustia...

          (ERNESTO no puede ocultar su alegría al
            ver que TEODORA le defiende.)

ERNESTO.   Teodora, ¿usted lo quiere?
TEODORA.   Se lo ruego.

(ERNESTO se inclina respetuosamente y se dirige al fondo.)

DON SEVERO. ¡Me confunde y me asombra tu osadía,
           tanto... no, mucho más que la de Ernesto!
           (Acercándose amenazador a TEODORA, ERNESTO,
           que ha dado unos pasos, se detiene; pero luego, ha-
           ciendo un esfuerzo sobre sí mismo, sigue su camino.)
           ¡Alzar osas la frente, desdichada,
           y delante de mí! ¡La frente al suelo!
           (ERNESTO hace movimientos análogos a los ante-
           riores, pero más acentuados.)
           Tú, tímida y cobarde ¿cómo encuentras,
           por defenderle, enérgicos acentos!

151

¡Bien habla la pasión!
(ERNESTO, ya en el fondo, se detiene.)
¡Pero tú olvidas,
que antes de echarle a él, supo Severo
de esta casa arrojarte, que manchabas
con sangre de Julián! ¿Para qué has vuelto?

(Cogiéndola brutalmente un brazo, sujetándola
con furor y acercándose más y más a ella.)

ERNESTO.   ¡Ah! ¡No es posible! ¡No!
(Se precipita entre TEODORA y DON SEVERO y los se-
para.) ¡Suelta, villano!
DON SEVERO. ¡Otra vez!
DON SEVERO. ¡Vienes de nuevo!
ERNESTO.   Pues a Teodora tu insolencia ofende
(desde este momento no es dueño de sí)
y me siento con vida, ¿qué remedio?
¡Volver, volver, y castigar tu audacia,
y llamarte cobarde a voz en cuello!
DON SEVERO. ¿A mí?
ERNESTO.   Sin duda.
TEODORA.   ¡No!
ERNESTO.   ¡Si él lo ha querido!
¡Si la mano le vi poner colérico
sobre usted, sobre usted...!(A TEODORA.)
¡De esta manera!

(Coge violentamente a DON SEVERO por un brazo.)

DON SEVERO. ¡Insolente!
ERNESTO.   ¡Es verdad, pero no suelto!
¿Tuvo usted madre? Sí. ¿La amaba mucho?

¿La respetaba aún más? ¡Pues así quiero
que respete a Teodora, y que se humille
de esta mujer ante el dolor inmenso!
¡De esta mujer más pura y más honrada
que su madre de usted, mal caballero!

DON SEVERO. ¡A mí...! ¡Tal dice!

ERNESTO. Sí, y aún no he concluido.

DON SEVERO. ¡Tu vida...!

ERNESTO. Sí, mi vida, pero luego.
(TEODORA quiere separarlos pero él la aparta dul-
cemente con una mano sin soltar la otra.)
En un Dios creerá usted, es necesario...
¡Un Hacedor...! ¡Una esperanza...! Bueno,
¡Pues como dobla sus rodillas torpes
ante el altar del Dios que está en los cielos,
ante Teodora han de doblarse, y pronto!
¡Abajo...! ¡Al polvo!

TEODORA. ¡Por piedad!

ERNESTO. ¡Al suelo!
(Le obliga a arrodillarse delante de TEODORA.)

TEODORA. ¡Basta, Ernesto!

DON SEVERO. ¡Mil rayos!

ERNESTO. ¡A sus plantas!

DON SEVERO. ¡Tú!

ERNESTO. ¡Yo!

DON SEVERO. ¡Por ella!

ERNESTO. ¡Sí!

TEODORA. ¡No más...! ¡Silencio!

(TEODORA aterrada señala hacia el cuarto de DON JULIÁN.
ERNESTO suelta su presa; DON SEVERO se levanta y retrocede
hacia la derecha. TEODORA se lleva hacia el fondo a ERNESTO.
De este modo ella y él forman un grupo que se aleja.)

153

ESCENA IX

TEODORA, ERNESTO, DON SEVERO; y después
DON JULIÁN Y MERCEDES.

DON JULIÁN. ¡Déjame! (Desde dentro.)
MERCEDES. ¡No por Dios! (Lo mismo.)
DON JULIÁN. ¡Son ellos... vamos!
TEODORA. ¡Salga usted! (A ERNESTO, llevándosele.)
DON SEVERO. (A ERNESTO.) ¡La revancha!
ERNESTO. No la niego.

(En este momento se presenta DON JULIÁN, pálido,
descompuesto, casi moribundo, y MERCEDES conteniéndolo. Al
presentarse él, DON SEVERO está a la derecha, primer término y
TEODORA y ERNESTO formando un grupo en el fondo.)

DON JULIÁN. ¡Juntos! ¿Adónde van? ¡Que los detengan!
¡Huyen de mí! ¡Traidores!

(Quiere precipitarse sobre ellos,
pero le faltan las fuerzas y vacila.)

DON SEVERO. (Acudiendo a sostenerle.) ¡No!
DON JULIÁN. ¡Severo, me engañaban! ¡Mentían! ¡Miserables!
(Mientas pronuncia estas palabras, entre MERCEDES
y DON SEVERO le traen a la butaca de la derecha.)
¡Allí! ¡Mira! ¡Los dos... ella y Ernesto!
¿Por qué están juntos?

TEODORA Y
ERNESTO. (Se separan uno de otro.) ¡No!
DON JULIÁN. ¿Por qué no vienen?
¡Teodora!
TEODORA. (Tendiéndole los brazos, pero sin acercarse.) ¡Mi Julián!
DON JULIÁN. ¡Sobre mi pecho!
(TEODORA se precipita en los brazos de DON JULIÁN, que la estrecha fuertemente. Pausa.)
¿Ya lo ves? ¿Ya lo ves? ¡Sé que me engaña!
(A su hermano)
¡Y en mis brazos la oprimo y la sujeto!
¡Y puedo darle muerte...! ¡Y la merece...!
¡Y la miro! ¡La miro! ¡Y ya no puedo!
TEODORA. ¡Julián...!
DON JULIÁN. ¿Y aquél...? (Señalando a ERNESTO.)
ERNESTO. ¡Señor!
DON JULIÁN. ¡Y yo le amaba...!
Calla y acércate... (ERNESTO se aproxima.)
(Sujetando a TEODORA.) ¡Aún soy su dueño!
TEODORA. ¡Tuya! ¡Tuya!
DON JULIÁN. ¡No finjas! ¡No me mientas!
MERCEDES. ¡Por Dios santo! (Procurando calmarle.)
DON SEVERO. (Lo mismo.) ¡Julián!
DON JULIÁN. (A los dos.) ¡Callad! ¡Silencio!
(A TEODORA.) ¡Si yo te adiviné! ¡Si sé que le amas!
(TEODORA y ERNESTO quieren protestar, pero no les deja.) ¡Si lo sabe Madrid!
¡Madrid entero!
ERNESTO. ¡No, padre!
TEODORA. ¡No!
DON JULIÁN. ¡Lo niegan! ¡Y lo niegan!
¡Si es la evidencia! ¡Si en mi ser la siento!

155

¡Porque esta calentura que me abrasa
con su llama ilumina mi cerebro!
ERNESTO.   ¡Del hervor de la sangre, del delirio,
todas esas traiciones son engendros!
¡Escuche usted, señor!
DON JULIÁN. ¡Vas a mentirme!
ERNESTO.   ¡Es inocente! (Señalando a TEODORA.)
DON JULIÁN. ¡No...! ¡Si no te creo!
ERNESTO.   ¡De mi padre, señor, por la memoria!
DON JULIÁN. ¡No profanes su nombre y su recuerdo!
ERNESTO.   ¡Por el último beso de mi madre!
DON JULIÁN. ¡No está en tu frente ya su último beso!
ERNESTO.   Por cuanto quiera usted, ¡oh, padre mío!,
juraré, juraré.
DON JULIÁN. No juramentos,
ni engañosas palabras, ni protestas...
ERNESTO.   Pues bien, ¿qué quiere usted?
TEODORA.   ¿Qué quieres?
DON JULIÁN. ¡Hechos!
ERNESTO.   ¿Qué desea, Teodora? ¿Qué nos pide?
TEODORA.   ¡Yo no lo sé! ¿Qué hacer? ¿Qué hacer, Ernesto?
DON JULIÁN. (Que les ha seguido con mirada febril y con instin-
tiva desconfianza.) ¡Ah! ¿Delante de mí buscáis
engaños?
¡Os concertáis, infames! ¡Lo estoy viendo!
TEODORA.   ¡Por la fiebre ve usted, no por los ojos!
DON JULIÁN. ¡La fiebre, sí! ¡Como la fiebre es fuego,
la venda consumió que ante la vista
me pusisteis los dos, y al fin ya veo!
Y ahora ¿por qué os miráis? ¿Por qué, traidores?
¿Por qué brillan tus ojos? ¡Habla, Ernesto!
No es el brillo del llanto... Ven... más cerca...
aún más...

156

(Le obliga a acercarse; le hace bajar la cabeza, y al fin viene a caer de rodillas ante él. De este modo queda DON JULIÁN entre TEODORA, que está a su lado, y ERNESTO, que está a sus pies. En esta actitud le pasa las manos por los ojos.)

¿Lo ves? ¡No es llanto! ¡Si están secos!

ERNESTO. ¡Perdón! ¡Perdón!

DON JULIÁN. ¡Pues si perdón me pides,
confiesas tu maldad!

ERNESTO. ¡No!

DON JULIÁN. ¡Sí!

ERNESTO. ¡No es eso!

DON JULIÁN. Pues cruzad ante mí vuestras miradas...

DON SEVERO. ¡Julián!

MERCEDES. ¡Señor!

DON JULIÁN. (A TEODORA y ERNESTO.) ¿Acaso tenéis miedo?
¿No os amáis como hermanos? ¡Pues probadlo!
¡De las anchas pupilas a los cercos
salgan las almas, y sus castas luces
en mi presencia mezclen sus reflejos,
que yo veré, porque veré de cerca,
si esos rayos de luz son luz o fuego!
Tú, Teodora, también... si ha de ser... vamos...
¡Venid! ¡Los dos...! ¡Aún más!

(Hace caer ante él a TEODORA, los aproxima a
la fuerza y les obliga a mirarse.)

TEODORA. (Separándose por un violento esfuerzo.) ¡Ah! ¡No!

ERNESTO. (Procura desasirse, pero DON JULIÁN le sujeta.) ¡No
puedo!

DON JULIÁN. ¡Os amáis...! ¡Os amáis...! ¡Claro lo he visto!
¡Tu vida! (A ERNESTO.)

ERNESTO. ¡Sí!

DON JULIÁN. ¡Tu sangre!

ERNESTO. ¡Toda!

DON JULIÁN. (Sujetándole de rodillas.) ¡Quieto!

TEODORA. ¡Julián! (Conteniéndole.)

DON JULIÁN. ¿Tú le defiendes? ¡Le defiendes!

TEODORA. ¡Pero si no es por él!

DON SEVERO. ¡Por Dios!

DON JULIÁN. (A DON SEVERO.) ¡Silencio!
¡Mal amigo! ¡Mal hijo! (Sujetándole a sus pies.)

ERNESTO. ¡Padre mío!

DON JULIÁN. ¡Desleal! ¡Traidor! (Lo mismo.)

ERNESTO. ¡No, padre!

DON JULIÁN. Voy el sello
a ponerte de vil en la mejilla...
¡Hoy con mi mano! ¡Pronto con mi acero!

(Con un resto de suprema energía se
incorpora y le golpea en el rostro.)

ERNESTO. (Da un grito terrible, se levanta y se separa hacia
la izquierda cubriéndose la cara.) ¡Ah!

DON SEVERO. ¡Justicia!

(Extendiendo el brazo hacia ERNESTO.)

TEODORA. ¡Jesús!

(Se oculta el rostro entre las manos y va
a caer en una silla de la derecha.)

MERCEDES. ¡Delirio ha sido!
(A ERNESTO como disculpando a DON JULIÁN.)

158

(Estos cuatro gritos rapidísimos. Momentos de estupor. DON JULIÁN siempre en pie y mirando a ERNESTO. MERCEDES y DON SEVERO conteniéndole.)

DON JULIÁN. Delirio, no; ¡castigo, vive el cielo!
¿Qué pensabas, ingrato?
MERCEDES. Vamos... vamos...
DON SEVERO. Ven Julián...
DON JULIÁN. ¡Sí, ya voy!

(Se encamina penosamente hacia su cuarto sostenido por DON SEVERO y MERCEDES, pero deteniéndose algunas veces para mirar a ERNESTO y TEODORA.)

MERCEDES. ¡Pronto, Severo!
DON JULIÁN. ¡Míralos! ¡Los infames! ¡Fue justicia!
¿No es verdad? ¿No es verdad? Yo así lo creo.
DON SEVERO. ¡Por Dios, Julián! ¡Por mí!
DON JULIÁN. ¡Tú solo! ¡Solo...
me has querido en el mundo!
(Abrazándole.)
DON SEVERO. ¡Yo! ¡Sí! ¡Cierto!
DON JULIÁN. (Sigue caminando, cerca de la puerta se detiene otra
vez los mira.) ¡Y ella llora por él! ¡Y no me sigue!
¡Ni me mira! ¡Ni ve... que yo me muero!
¡Me muero... sí...!
DON SEVERO. ¡Julián!
DON JULIÁN. ¡Espera... espera...!
(Deteniéndose en la misma puerta.)
¡Deshonra por deshonra...! ¡Adiós, Ernesto!

(Salen DON JULIÁN, DON SEVERO y MERCEDES
por la derecha, segundo término.)

159

Escena x

TEODORA, ERNESTO. ERNESTO cae en el sillón próximo a la mesa. TEODORA continúa a la derecha. Pausa.

ERNESTO. (Aparte.) ¿De qué sirve la lealtad?
TEODORA. ¿De qué sirve la inocencia?
ERNESTO. ¡Se oscurece mi conciencia!
TEODORA. ¡Piedad, Dios mío, piedad!
ERNESTO. ¡Suerte fiera!
TEODORA. ¡Triste suerte!
ERNESTO. ¡Pobre niña!
TEODORA. ¡Pobre Ernesto! (Hasta aquí son apartes.)
DON SEVERO. (Desde dentro, los que siguen son gritos de suprema angustia.) ¡Hermano!
MERCEDES. ¡Socorro!
PEPITO. ¡Presto! (ERNESTO y TEODORA se levantan y se acercan uno a otro.)
TEODORA. ¡Gritos de dolor!
ERNESTO. ¡De muerte!
TEODORA. ¡Vamos pronto!
ERNESTO. ¿Dónde?
TEODORA. Allí.
ERNESTO. (Deteniéndola.) No podemos.
TEODORA. ¿Por qué no?
¡Yo quiero que viva! (Con ansia.)
ERNESTO. (Lo mismo.) ¡Y yo! Pero no puedo...
(Señalando hacia el cuarto de DON JULIÁN.)
TEODORA. Yo sí. (Precipitándose hacia allá.)

160

Escena XI

TEODORA, ERNESTO, DON SEVERO, PEPITO. La disposición de los personajes es la siguiente: ERNESTO, en pie, en el centro; TEODORA en la puerta del cuarto de DON JULIÁN, cerrándole el paso DON SEVERO, que sale, un momento después que PEPITO.

PEPITO.   ¿Dónde vas?
TEODORA.   ¡Le quiero ver!
                    (Con desesperada ansiedad.)
PEPITO.   ¡No es posible!
DON SEVERO. ¡No se pasa!
                    ¡Esa mujer en mi casa!
                    ¡Pronto... arroja esa mujer!
                    (A su hijo.)
                    ¡Sin compasión! ¡Al instante!
ERNESTO.   ¿Qué dice?
TEODORA.   ¡Yo desvarío!
DON SEVERO. ¡Aunque tu madre, hijo mío,
                    se ponga de ella delante,
                    has de cumplir mi mandato!
                    ¡Aunque suplique! ¡Aunque implore!
                    Si llora... nada, ¡que llore!
                    (A su hijo con ira reconcentrada.)
                    ¡Lejos... lejos... o la mato!
TEODORA.   ¡Julián manda!
DON SEVERO. ¡Julián, sí!
ERNESTO.   ¿Su esposo? ¡No puede ser!
TEODORA.   ¡Verle!

161

DON SEVERO. ¡Pues le vas a ver;
            y después... huye de aquí!
PEPITO.   ¡Padre! (Como queriendo oponerse.)
DON SEVERO. Deja... (A PEPITO separándole.)
TEODORA.   ¡Si no es cierto!
PEPITO.   ¡Si es horrible!
TEODORA.   ¡Si es mentira!
DON SEVERO. ¡Ven Teodora... ven y mira!

(La coge por un brazo, la lleva a la puerta del cuarto
de DON JULIÁN, levanta el cortinaje y señala el interior.)

TEODORA.   ¡Él! ¡Julián! ¡Mi Julián! ¡Muerto!

(Dice esto retrocediendo en ademán trágico,
y cae desplomada en el centro.)

ERNESTO.   ¡Padre! (Cubriéndose el rostro.)

(Pausa. DON SEVERO los contempla con mirada rencorosa.)

DON SEVERO. (A su hijo señalando a TEODORA.) ¡Arrójala!
ERNESTO.   (Poniéndose delante del cuerpo de TEODORA.)
            ¡Cruel!
PEPITO.   ¡Señor!... (Dudando.)
DON SEVERO. (A su hijo.) Es mi voluntad.
            ¿Dudas?
ERNESTO.   ¡Piedad!
DON SEVERO. ¡Sí, piedad!
            ¡La que ella tuvo con él!
            (Señalando hacia dentro.)
ERNESTO.   ¡Ah! ¡Que mi sangre se inflama!
            ¡Saldré de España!

DON SEVERO. No importa.

ERNESTO. ¡Moriré!

DON SEVERO. La vida es corta.

ERNESTO. ¡Por última vez!

DON SEVERO. No. Llama. (A su hijo.)

ERNESTO. ¡Que es inocente! ¡Lo digo
y lo juro!

PEPITO. Padre... (Como intercediendo.)

DON SEVERO. (A su hijo señalando con desprecio a ERNESTO.)
Miente.

ERNESTO. ¿Me arrojas a la corriente?
¡Pues ya no lucho, la sigo!
Qué pensará, no presiento,
(señalando a Teodora)
del mundo y de tus agravios,
que mudos están sus labios,
y duerme su pensamiento.
Pero lo que pienso yo...
eso... ¡lo voy a decir!

DON SEVERO. ¡Inútil! No ha de impedir
que yo mismo...
(Queriendo aproximarse a TEODORA.)

PEPITO. (Conteniéndole.) **Padre**...

ERNESTO. ¡No! (Pausa.)
Nadie se acerque a esta mujer, es mía.
Lo quiso el mundo, yo su fallo acepto.
Él la trajo a mis brazos. ¡Ven, Teodora!

(Levantándola y sosteniéndola en sus brazos en este
momento o en el que el actor crea conveniente.)

¡Tú la arrojas de aquí! Te obedecemos.

DON SEVERO. ¡Al fin! ¡Infame!

163

PEPITO. ¡Miserable!
ERNESTO. Todo.
¡Y ahora tenéis razón...! ¡Ahora confieso!
¿Queréis pasión...? Pues bien, ¡pasión, delirio!
¿Queréis amor...? Pues bien, ¡amor inmenso!
¿Queréis aún más...? Pues más, ¡si no me espanto!
¡Vosotros a inventar...! ¡Yo a recogerlo!
¡Y contadlo...! ¡Contadlo...! ¡La noticia,
de la heroica ciudad llene los ecos!
Mas si alguien os pregunta quién ha sido
de esta infamia el infame medianero,
respondedle: "¡Tú mismo y lo ignorabas,
y contigo las lenguas de los necios!"
Ven, Teodora, la sombra de mi madre
posa en tu frente inmaculada un beso.
¡Adiós! ¡Me pertenece...! ¡Que en su día
a vosotros y a mí nos juzgue el cielo!

(Hace el movimiento de llevarse a TEODORA en brazos,
desafiando a todos con la mirada y el ademán; DON SEVERO
y PEPITO en primer término, en la actitud que se crea
conveniente.)

164